DOENÇA COMO METÁFORA

AIDS E SUAS METÁFORAS

SUSAN SONTAG

DOENÇA COMO METÁFORA

AIDS E SUAS METÁFORAS

Tradução
Rubens Figueiredo
Paulo Henriques Britto

2ª reimpressão

Copyright *Doença como metáfora* © 1977, 1978 by Susan Sontag
Copyright *Aids e suas metáforas* © 1988, 1989 by Susan Sontag

Grafia atualizada segundo o Acordo Ortográfico da Língua Portuguesa de 1990, que entrou em vigor no Brasil em 2009.

Títulos originais
Illness as Metaphor; AIDS and Its Metaphors

As citações de *A peste branca* de Karel Capek foram extraídas da tradução de Michael Henry Heim, publicada em *Cross Currents*, 7 (1988)

Capa
Jeff Fisher

Preparação
Leny Cordeiro
Newton Sodré

Revisão
Renato Potenza Rodrigues
José Muniz Jr.

Atualização ortográfica
Verba Editorial

Dados Internacionais de Catalogação na Publicação (CIP)
(Câmara Brasileira do Livro, SP, Brasil)

Sontag, Susan. 1933-2004.
 Doença como metáfora, AIDS e suas metáforas / Susan Sontag ;
tradução Rubens Figueiredo/Paulo Henriques Britto. —
São Paulo : Companhia das Letras, 2007.

 Títulos originais: Illness as Metaphor ; AIDS and Its Metaphors.
 ISBN 978-85-359-0998-2

 1. AIDS (Doença) — Aspectos sociais 2. Câncer na literatura
3. Doenças na literatura 4. Metáfora 5. Tuberculose na literatura
I. Título. II. Título AIDS e suas metáforas

07-1332   CDD-306.461

Índice para catálogo sistemático:
l. Doenças : Aspectos sociais : Sociologia 306.461

Todos os direitos desta edição reservados à
EDITORA SCHWARCZ S.A.
Rua Bandeira Paulista, 702, cj. 32
04532-002 — São Paulo — SP
Telefone: (11) 3707-3500
www.companhiadasletras.com.br
www.blogdacompanhia.com.br

SUMÁRIO

Doença como metáfora *9*
AIDS e suas metáforas *77*

Notas *153*
Sobre a autora *163*

Para Robert Silvers

DOENÇA COMO METÁFORA

A DOENÇA É A ZONA NOTURNA DA VIDA, uma cidadania mais onerosa. Todos que nascem têm dupla cidadania, no reino dos sãos e no reino dos doentes. Apesar de todos preferirmos só usar o passaporte bom, mais cedo ou mais tarde nos vemos obrigados, pelo menos por um período, a nos identificarmos como cidadãos desse outro lugar.

Quero analisar não como é de fato emigrar para o reino dos doentes e lá viver, mas as fantasias sentimentais ou punitivas engendradas em torno dessa situação: não se trata da geografia real, mas dos estereótipos do caráter nacional. Meu tema não é a doença física em si, mas os usos da doença como figura ou metáfora. Minha tese é que a doença *não* é uma metáfora e que a maneira mais fidedigna de encarar a doença — e a maneira mais saudável de estar doente — é aquela mais expurgada do pensamento metafórico e mais resistente a ele. Porém é quase impossível fixar residência no reino dos doentes sem ter sido previamente influenciado pelas metáforas lúgubres com que esse reino foi pintado. Dedico esta investigação a uma elucidação de tais metáforas e à libertação do seu jugo.

1

DE FORMA ESPETACULAR, e semelhante, duas doenças se viram tolhidas pelos ornamentos da metáfora: a tuberculose e o câncer.

As fantasias inspiradas pela tuberculose no século XIX, e pelo câncer hoje, são reações a uma enfermidade considerada intratável e caprichosa — ou seja, uma enfermidade que não se compreende — numa época em que a premissa central da medicina é que todas as doenças podem ser curadas. Tal enfermidade é, por definição, misteriosa. Enquanto sua causa não foi compreendida e os tratamentos prescritos pelos médicos continuaram ineficazes, a tuberculose foi considerada um traiçoeiro e implacável ladrão de vidas. Agora é a vez de o câncer ocupar a vaga da enfermidade que entra sem pedir licença; é o câncer que representa o papel de uma doença vivenciada como uma invasão cruel e secreta — papel que continuará a desempenhar até que, um dia, sua etiologia se torne tão clara e seu tratamento tão eficaz como se tornaram no caso da tuberculose.

Embora o modo como a doença provoca perplexidade se projete num pano de fundo de expectativas novas, a enfermidade em si (antes a tuberculose, hoje o câncer) desperta variedades de pavor completamente antiquadas. Qualquer enfermidade tida como um mistério e temida de modo bastante incisivo será considerada moralmente, se não literalmente, contagiosa. Assim, um número espantoso de pessoas com câncer se dá conta de que parentes e amigos as evitam e de que são objeto de procedimentos de descontaminação, levados a efeito pela família, como se o câncer, a exemplo da tuberculose, fosse uma enfermidade contagiosa. O contato com alguém acometido por uma doença tida como um mal misterioso provoca, de forma inevitável, a sensação de uma transgressão; pior ainda, de violação de um tabu. Os próprios nomes de tais doenças são tidos como portadores de um poder mágico. Em *Armance* (1827), de Stendhal, a mãe do herói se recusa a falar "tuberculose", por temor de que pronunciar a palavra acelere o curso da moléstia do filho. E Karl Menninger observou (em *The Vital Balance*) que "a própria palavra 'câncer' é vista como capaz de matar certos pacientes que não sucumbiram (tão rapidamente) ao mal de que padecem". Tal comentário é formulado em apoio a crenças anti-intelectuais e a uma compaixão simplista, demasiado difundidas na medicina e na psiquiatria contemporâneas. "Os pacientes que nos consultam em razão de seus sofrimentos, infortúnios e deficiências", continua ele, "têm todo o direito de se ressentir por verem colada a si uma etiqueta que é um sinal de maldição." O dr. Menninger recomenda que os médicos em geral abandonem "nomes" e "rótulos" ("nossa função consiste em ajudar essas pessoas, não em afligi-las ainda mais") — o que significaria, a rigor, aumentar a dissimulação e o paternalismo da medicina. Não é, em si, o ato de nomear que é pejorativo ou condenatório, mas sim o nome "câncer". Enquanto essa enfermidade em particular for tratada como um predador invencível e maligno, e não só como uma doença, a maioria das pessoas com câncer se sentirá de fato desmoralizada ao saber que doença tem. A solução não pode estar em deixar de contar a verdade para os pacientes de câncer, mas sim retificar o conceito da doença, desmitificá-la.

Quando, há não muitas décadas, saber que alguém tinha tuberculose equivalia a ouvir uma sentença de morte — como hoje, no imaginário popular, o câncer equivale à morte —, era comum esconder dos tuberculosos a identidade da sua doença e, após sua morte, escondê-la dos filhos. Mesmo com pacientes informados acerca de sua enfermidade, os médicos e a família relutavam em falar com liberdade. "Verbalmente, nada de preciso me comunicam", escreveu Kafka a um amigo em abril de 1924, no sanatório onde viria a morrer dois meses mais tarde, "pois quando se conversa a respeito de tuberculose [...] todos recaem num modo de falar acanhado, evasivo, de olhos vidrados." As convenções de ocultação em torno do câncer são ainda mais pertinazes. Na França e na Itália, ainda é regra entre os médicos comunicar um diagnóstico de câncer à família do paciente mas não ao paciente; os médicos consideram que a verdade será insuportável para todos os pacientes, exceto aqueles extraordinariamente amadurecidos e inteligentes. (Um oncologista francês de ponta me contou que menos de um décimo de seus pacientes sabe que tem câncer.) Nos Estados Unidos — em parte por causa do temor que têm os médicos de responder a processos na justiça por negligência — existe hoje uma franqueza bem maior com os pacientes, mas as informações e as contas que o maior hospital de câncer do país envia pelo correio a seus pacientes ambulatoriais são remetidas em envelopes que não indicam o remetente, no pressuposto de que a doença pode ser um segredo para suas famílias. Como ficar com câncer pode ser um escândalo que põe em risco a vida amorosa, as chances de uma promoção ou mesmo o emprego, os pacientes que sabem o que têm costumam ser extremamente recatados, quando não de todo dissimulados, a respeito de sua enfermidade. E uma lei federal, a Lei de Liberdade de Informação de 1966, menciona o "tratamento de câncer" num artigo que isenta de divulgação informações cuja revelação possa "representar uma invasão desautorizada da privacidade pessoal". É a única enfermidade citada.

Toda essa mentira dirigida aos pacientes de câncer e praticada por eles mesmos dá bem a medida de como se tornou muito mais difícil lidar com a morte nas sociedades industriais avançadas. Assim como a morte é hoje um fato ofensivamente sem sentido, também uma enfermidade vista em larga medida como sinônimo de morte é vivenciada como algo que se deve esconder. A estratégia de tergiversar com os pacientes de câncer acerca da natureza de sua enfermidade reflete a convicção de que é melhor poupar pessoas fadadas à morte da informação de que estão para morrer e a de que a boa morte é a repentina, e também a de que a melhor de todas é aquela que ocorre quando a pessoa se acha inconsciente ou dormindo. Porém a moderna negação da morte não explica a amplitude da mentira e do desejo de não saber a verdade; não toca o pavor mais profundo. A probabilidade de uma pessoa que sofreu um infarto coronariano vir a morrer de outro infarto num intervalo de alguns anos é, no mínimo, a mesma de uma pessoa com câncer vir a morrer de câncer em breve. Mas ninguém pensa em esconder a verdade de um paciente cardíaco: nada existe de vergonhoso num ataque de coração. Mentem para os pacientes de câncer não só porque a enfermidade é (ou se supõe ser) uma sentença de morte, mas porque é considerada algo obsceno — no sentido original da palavra: de mau agouro, abominável, repugnante aos sentidos. A enfermidade cardíaca implica uma fraqueza, um distúrbio, uma deficiência mecânica; não há uma desonra, não há nada do tabu que antigamente cercava as pessoas acometidas de tuberculose e ainda cerca as que têm câncer. As metáforas ligadas à tuberculose e ao câncer sugerem processos vivos de um tipo especialmente alarmante e aterrador.

2

NO DECORRER DA MAIOR PARTE DE SUA HISTÓRIA, os empregos metafóricos da tuberculose e do câncer se entrecruzam e se sobrepõem. O *Oxford English Dictionary* registra *consumption* como sinônimo em uso para a tuberculose pulmonar desde 1398.[1] (John de Trevisa: "Quando o sangue afina, segue-se a consumpção e o definhamento".) Mas o conceito pré-moderno do câncer também invoca a noção de consumpção. O *Oxford English Dictionary* dá como uma antiga definição de câncer: "Tudo o que irrita, corrói, corrompe ou consome, lentamente e em segredo". (Thomas Paynell, em 1528: "Um cancro é uma afecção melancólica que come partes do corpo".) A mais antiga definição literal do câncer é como um inchaço, um caroço, ou uma protuberância, e o nome da enfermidade — do grego *karkínos* e do latim *cancer*, ambos com o sentido de caranguejo — inspirou-se, segundo Galeno, na semelhança entre as patas de um caranguejo e as veias inchadas de um tumor externo; e não, como pensam muitos, porque uma enfermidade com metástase rasteja ou se desloca furtivamente como um caranguejo. Mas a etimologia indica que a tuberculose também foi, no passado, vista como um tipo anormal de protrusão: a palavra tuberculose — do latim *tuberculum*, diminutivo de *tuber*, inchaço, intumescência — significa uma tumefação, uma protuberância, uma proeminência ou um crescimento mórbido.[2] Rudolf Virchow, fundador da ciência da patologia celular na década de 1850, considerava o tubérculo um tumor.

Assim, desde a antiguidade tardia até uma época bem recente, tuberculose era — tipologicamente — câncer. E o câncer, a exemplo da tuberculose, foi descrito como um processo em que o corpo é consumido. As concepções modernas das duas enfermidades não puderam formar-se antes do advento da patologia celular. Só com o microscópio foi possível apreender a peculiaridade do câncer como um tipo de atividade celular e compreender que a doença nem sempre tomava a forma de um tumor externo ou mesmo palpável. (Até meados do século XIX, ninguém poderia identificar a leucemia como uma forma de câncer.) E só foi possível separar, em definitivo, o câncer da tuberculose após 1882, quando se descobriu que a tuberculose era uma infecção bacteriana. Tais progressos no pensamento médico permitiram que as metáforas predominantes nas duas doenças se tornassem de fato distintas e, em sua maior parte, contrastantes. A moderna fantasia acerca do câncer pôde então começar a tomar forma — uma fantasia que, a partir da década de 1920, viria a herdar a maioria dos problemas dramatizados pelas fantasias acerca da tuberculose, mas com as duas enfermidades e seus sintomas concebidos de formas totalmente distintas e quase opostas.

A tuberculose é entendida como uma doença de um órgão, os pulmões, ao passo que o câncer é entendido como uma doença que pode surgir em qualquer órgão e cuja área de alcance abrange o corpo inteiro.

A tuberculose é entendida como uma enfermidade de contrastes extremos: palidez branca e rubor vermelho, hiperatividade em alternância com languidez. O curso espasmódico da enfermidade é exemplificado pelo que é visto como o sintoma prototípico da tuberculose, a tosse. O doente é sufocado pela tosse, depois volta à tona, recobra o fôlego, respira normalmente; em seguida, tosse de novo. O câncer é uma enfermidade de crescimento (às vezes visível; mais tipicamente, interno), de um crescimento anormal, em última instância letal, que é medido, incessante, pertinaz. Embora haja períodos em que o crescimento do tumor seja freado (remissões), o câncer não produz contrastes como os oximoros de comportamento — atividade febril, resignação exaltada — tidos como típicos da tuberculose. O tuberculoso é pálido durante parte do tempo; a palidez do paciente de câncer é imutável.

A tuberculose torna o corpo transparente. As radiografias, que são o instrumento-padrão do diagnóstico, permitem que a pessoa, não raro pela primeira vez, veja o interior do próprio corpo — seja transparente para si mesma. Enquanto a tuberculose, desde o início, é entendida como pródiga em sintomas visíveis (emagrecimento progressivo, tosse, fraqueza, febre) e capaz de revelar-se de forma súbita e dramática (o sangue no lenço), no caso do câncer os sintomas principais são tidos como tipicamente invisíveis — até o último estágio, quando já é tarde demais. A doença, não raro descoberta por acaso ou num exame de rotina, pode se encontrar num estágio muito avançado sem ter apresentado qualquer sintoma considerável. A pessoa tem um corpo opaco que precisa ser levado a um especialista a fim de saber se contém câncer. Aquilo que o paciente não pode notar, o especialista determinará ao analisar tecidos retirados do corpo. Pacientes de tuberculose podem ver suas radiografias ou mesmo possuí-las: os pacientes do sanatório em *A montanha mágica* levam suas radiografias consigo, no bolso do paletó. Os pacientes de câncer não veem suas biópsias.

A tuberculose era — ainda é — vista como capaz de gerar períodos de euforia, de apetite intenso e de exacerbado desejo sexual. Parte do regime dos pacientes em *A montanha mágica* consiste num segundo desjejum, comido com prazer. O câncer é visto como algo que destrói a vitalidade, transforma comer numa provação, amortece o desejo. Ter tuberculose foi considerado afrodisíaco e fonte de extraordinários poderes de sedução. O câncer é visto como dessexualizador. Mas é característico da tuberculose o fato de muitos sintomas serem enganosos — animação que advém do nervosismo, faces rosadas que parecem um sinal de saúde mas provêm da febre — e um surto de vitalidade pode ser o sinal da morte que se avizinha. (Tais acessos de energia serão, no geral, autodestrutivos, e podem ser destrutivos para outrem: lembremos a lenda de Doc Holliday, no Velho Oeste, o pistoleiro tuberculoso liberto de freios morais em razão dos danos causados por sua doença.) O câncer tem apenas sintomas verdadeiros.

A tuberculose é desintegração, enfebrecimento, desmaterialização; é uma enfermidade de líquidos — o corpo se transforma em fleuma, em muco, em escarro e, por fim, em sangue — e de ar, da necessidade de um ar melhor. O câncer é degeneração, os tecidos do corpo se tornam algo duro. Alice James, ao escrever seu diário um ano antes de morrer de câncer em 1892, refere-se a "essa horrível massa de granito em meu peito". Mas esse caroço está vivo, um feto com vontade própria. Novalis, numa anotação redigida por volta de 1798 para o seu projeto de enciclopédia, define o câncer, junto com a gangrena, como "*parasitas* em seu ponto máximo de desenvolvimento — eles crescem, são engendrados, engendram, têm sua estrutura, segregam, comem". O câncer é uma gravidez demoníaca. São Jerônimo devia estar pensando no câncer quando escreveu: "Aquele que tem a barriga inchada está grávido de sua própria morte" ("*Allius tumenti aqualiculo mortem parturit*"). Embora o curso de ambas as enfermidades seja o emagrecimento, a perda de peso na tuberculose é entendida de forma muito distinta da perda de peso no câncer. Na tuberculose, a pessoa é "consumida", exaurida. No câncer, o paciente é "invadido" por células alienígenas, que se multiplicam e causam uma atrofia ou um bloqueio de funções corporais. O paciente de câncer "murcha" (palavra usada por Alice James) ou "encolhe" (palavra usada por Wilhelm Reich).

A tuberculose é uma enfermidade do tempo; acelera a vida, a realça, a espiritualiza. Em inglês e em francês, a tuberculose "galopa". O câncer tem antes estágios do que modos de andar; ele é (mais cedo ou mais tarde) "terminal". O câncer age devagar, de forma traiçoeira: o eufemismo-padrão nos obituários é que a pessoa "morreu após longa enfermidade". Toda caracterização do câncer o apresenta como lento, e a princípio assim ele foi usado metaforicamente. "A sua palavra arrastou-se como um cancro", escreveu Wyclif em 1382 (ao traduzir uma frase de Timóteo II, 2:17); e um dos mais antigos usos figurados da palavra câncer é o que serve de metáfora para "ócio" e "preguiça".[3] Metaforicamente, o câncer não é tanto uma enfermidade de tempo, mas sim uma enfermidade ou uma patologia de espaço. Suas principais metáforas referem-se à topografia (o câncer "se espalha", ou "prolifera", ou está "difuso"; os tumores são cirurgicamente "extirpados"), e sua consequência mais temida, exceção feita à morte, é a mutilação ou a amputação de uma parte do corpo.

A tuberculose é, muitas vezes, imaginada como uma enfermidade da pobreza e da privação — de roupas escassas, de corpos escassos, de quartos sem aquecimento, de higiene deficiente, de alimentação inadequada. A pobreza pode não ser tão óbvia como a do sótão de Mimi em *La bohème*; a tuberculosa Marguerite Gautier em *La dame aux camélias* vive no luxo, mas por dentro é uma desamparada. Em contraste, o câncer é uma doença da vida de classe média, uma doença ligada à fartura, ao excesso. Países ricos têm os mais elevados índices de câncer, e o aumento da incidência da enfermidade é visto como fruto, em parte, de uma dieta rica em gordura e proteínas e dos resíduos tóxicos da economia industrial, que gera a fartura. O tratamento da tuberculose é identificado com o estímulo do apetite; o tratamento do câncer, com a náusea e com a perda do apetite. Os subnutridos se nutrem — infelizmente, sem nenhum proveito. Os supernutridos se veem incapazes de comer.

Acreditava-se que o paciente de tuberculose poderia beneficiar-se, e até curar-se, com uma mudança de ambiente. Havia a ideia de que a tuberculose era uma enfermidade úmida, uma doença de cidades úmidas e encharcadas. O interior do corpo tornou-se encharcado ("umidade nos pulmões" era uma expressão muito usada) e tinha de ser drenado. Os médicos recomendavam viagens para locais elevados, secos — as montanhas, o deserto. Mas ninguém supõe que alguma mudança de ambiente possa ajudar o paciente de câncer. Toda a luta se passa no interior do corpo. Pode ser, e cada vez mais se pensa assim, que algo no ambiente tenha provocado o câncer. Mas, uma vez presente, o câncer não pode ser desfeito ou reduzido por efeito de uma mudança para um ambiente melhor (ou seja, menos carcinogênico).

A tuberculose é considerada até certo ponto indolor. O câncer é considerado, de modo invariável, acerbamente doloroso. A tuberculose é considerada a portadora de uma morte fácil, e o câncer, de uma morte espetacularmente deplorável. Durante mais de cem anos, a tuberculose permaneceu como a forma preferida de dar um sentido à morte — uma enfermidade sofisticada, edificante. A literatura do século XIX está atulhada de descrições de mortes beatíficas, sem medo e quase sem sintomas, causadas pela tuberculose, sobretudo com pessoas jovens, como Evinha em *A cabana do Pai Tomás*, e Paul, o filho de Dombey, em *Dombey and Son*, e Smike em *Nicholas Nickleby*, em que Dickens se referiu à tuberculose como a "enfermidade medonha" que "depura" a morte

> de seu aspecto mais grosseiro [...] em que a luta entre alma e corpo é tão gradual, silenciosa e solene, e o resultado tão seguro, que dia a dia, e fibra a fibra, a parte mortal se desgasta e murcha, de sorte que o espírito se torna leve e animoso, com sua carga aliviada [...][4]

Comparemos essas enobrecedoras e plácidas mortes de tuberculose com as ignóbeis e agonizantes mortes de câncer do pai de Eugene Gant em *Of Time and the River*, de Thomas Wolfe, e da irmã no filme de Bergman *Gritos e sussurros*. O tuberculoso moribundo é retratado como alguém que se tornou mais belo e mais elevado; a pessoa que está morrendo de câncer é retratada como destituída de toda capacidade de autotranscendência, humilhada pelo medo e pela dor física.

Esses são contrastes colhidos na mitologia popular de ambas as enfermidades. Claro, muitos tuberculosos morreram com dores terríveis e algumas pessoas morrem de câncer sentindo pouca ou nenhuma dor, até o fim; pobres e ricos têm tuberculose e câncer; e nem todos os que sofrem de tuberculose tossem. Mas a mitologia persiste. Não é por ser a tuberculose pulmonar a variedade mais comum de tuberculose que a maioria pensa na tuberculose, em contraste com o câncer, como uma enfermidade de um só órgão. Isso ocorre porque os mitos sobre a tuberculose não se adaptam ao cérebro, à laringe, aos rins, aos ossos maiores, e a outros locais do corpo onde o bacilo da tuberculose também pode se alojar, ao passo que se adaptam muito bem ao imaginário tradicional (ar, vida) associado aos pulmões.

Enquanto a tuberculose assimila faculdades atribuídas aos pulmões, que são parte do corpo superior, espiritualizado, o câncer é tristemente afamado por atacar partes do corpo constrangedoras para a pessoa (cólon, bexiga, reto, seio, colo do útero, próstata, testículo). Ter um tumor, em geral, desperta sentimentos de vergonha mas, na hierarquia dos órgãos do corpo, o câncer no pulmão é considerado menos vergonhoso do que o câncer retal. E uma forma de câncer sem tumor aparece hoje em dia em obras de ficção comercial, no mesmo papel antes monopolizado pela tuberculose, como a enfermidade romântica que abrevia uma vida jovem. (A heroína de *Love Story*, de Erich Segal, morre de leucemia — a forma "branca" da doença, semelhante à tuberculose, à qual não se pode propor nenhuma cirurgia mutiladora — e não de câncer no estômago ou no seio.) Uma doença dos pulmões é, metaforicamente, uma doença da alma.[5] O câncer, como uma doença que pode atacar em qualquer ponto, é uma doença do corpo. Longe de revelar algo de espiritual, ela revela que o corpo é, de modo totalmente deplorável, apenas o corpo.

Tais fantasias florescem porque a tuberculose e o câncer são considerados muito mais do que enfermidades que, em geral, são (ou eram) fatais. São identificados com a morte em si. Em *Nicholas Nickleby*, Dickens descreve a tuberculose como a

> enfermidade em que vida e morte se acham tão estranhamente mescladas que a morte assume o brilho e o matiz da vida, e a vida, a desolação e o horror da morte; uma enfermidade que a medicina jamais curou, que a riqueza jamais evitou, e da qual a pobreza podia gabar-se de estar isenta [...]

E Kafka escreveu a Max Brod, em outubro de 1917, que "passara a pensar que a tuberculose [...] não é uma enfermidade especial, ou não é uma enfermidade que mereça um nome especial, mas apenas o germe da própria morte, concentrada". O câncer inspira especulações semelhantes. Georg Groddeck, cujas opiniões notáveis sobre o câncer em *O livro dIsso* (1923) prefiguram as opiniões de Wilhelm Reich, escreveu:

> Entre todas as teorias apresentadas a respeito do câncer, na minha opinião, só uma sobreviveu à passagem do tempo, a saber, que o câncer percorre determinados estágios no rumo da morte. Com isso, quero dizer que aquilo que não for fatal não será câncer. Daí, pode-se concluir que não ofereço nenhuma esperança de um novo método para curar o câncer [...] apenas os diversos casos do que se chama de câncer [...]

A despeito de todo o progresso no tratamento do câncer, muita gente ainda aceita a equação de Groddeck: câncer = morte. Mas as metáforas que cercam a tuberculose e o câncer revelam muito a respeito da ideia do doentio e de como ela se desenvolveu a partir do século XIX (quando a tuberculose era a causa de morte mais comum) até o nosso tempo (quando o câncer é a doença mais temida). Os românticos moralizaram a morte de uma forma nova por meio da tuberculose, que dissolvia o corpo espesso, eterizava a personalidade, expandia a consciência. Foi igualmente possível, mediante fantasias sobre a tuberculose, estetizar a morte. Thoreau, que tinha tuberculose, escreveu em 1852: "A morte e a enfermidade são muitas vezes belas, como [...] o brilho febril da tuberculose". Ninguém concebe o câncer da forma como a tuberculose foi concebida — como uma morte decorativa, não raro lírica. O câncer é um tema raro e ainda escandaloso para a poesia; e parece inimaginável estetizar a doença.

3

A SEMELHANÇA MAIS IMPRESSIONANTE entre os mitos da tuberculose e do câncer é que ambas são, ou eram, entendidas como doenças de paixão. A febre na tuberculose era um sinal de uma chama interior: o tuberculoso é alguém "consumido" pelo ardor que leva à dissolução do corpo. O emprego de metáforas retiradas da tuberculose para descrever o amor — a imagem do amor "doente", de uma paixão que "consome" — precede em muito o movimento romântico.[6] A partir dos românticos, a imagem se inverteu e a tuberculose foi concebida como uma variante da doença do amor. Na sua comovente carta de 1º de novembro de 1820, de Nápoles, Keats, separado para sempre de Fanny Brawne, escreveu: "Se eu tivesse qualquer chance de recuperação [da tuberculose], essa paixão me mataria". Como explica um personagem de *A montanha mágica*: "Os sintomas da doença não passam de uma manifestação dissimulada do poder do amor; e toda doença é apenas amor transformado".

Assim como a tuberculose foi vista como uma doença provocada por excesso de paixão, que acometia os imprudentes e os sensuais, hoje muitos creem que o câncer é uma doença causada por paixão insuficiente, que acomete pessoas sexualmente reprimidas, inibidas, sem espontaneidade, incapazes de expressar ira. Esses diagnósticos aparentemente opostos são, de fato, versões não muito distintas de um mesmo ponto de vista (e merecem, a meu ver, a mesma parcela de crédito). Pois ambas as explicações psicológicas dessas doenças sublinham a insuficiência ou a perda de energias vitais. Assim como a tuberculose foi celebrada como uma doença da paixão, ela também foi vista como uma doença da repressão. O nobre herói de *O imoralista*, de Gide, contrai tuberculose (em paralelo com o que Gide julgava ser sua própria história) porque reprimiu sua autêntica natureza sexual; quando Michel aceita a Vida, ele se recupera. Com tal roteiro, hoje, Michel teria de ficar com câncer.

Assim como hoje se imagina que o câncer é o fruto da repressão, também a tuberculose foi explicada como uma sequela da frustração. Certas pessoas, hoje em dia, creem que aquilo que se chama de vida sexual liberada pode rechaçar o câncer, quase pela mesma razão por que o sexo foi muitas vezes prescrito como terapia para os tuberculosos. Em *As asas da pomba* [*The Wings of the Dove*], o médico de Milly Theale lhe recomenda um caso amoroso como forma de curar a tuberculose; e ela morre quando descobre que seu dúbio pretendente, Merton Densher, está noivo em segredo de sua amiga Kate Croy. E na carta de novembro de 1829, Keats exclama: "Meu caro Brown, eu deveria tê-la possuído quando gozava de plena saúde, e assim teria permanecido saudável".

Segundo a mitologia da tuberculose, existe geralmente algum sentimento apaixonado que provoca um ataque de tuberculose e que nele se expressa. Mas as paixões devem ser barradas e as esperanças, frustradas. E a paixão, embora em geral de amor, podia ser também política ou moral. No fim do romance *Na véspera* (1860), de Turguêniev, Insarov, o jovem revolucionário búlgaro exilado, herói do romance, compreende que não pode regressar para a Bulgária. Num hotel em Veneza, ele adoece de saudade e de frustração, contrai tuberculose e morre.

Segundo a mitologia do câncer, a doença é em geral provocada por uma constante repressão do sentimento. Na modalidade mais antiga e mais otimista dessa fantasia, o sentimento reprimido era sexual; hoje, numa guinada notável, se imagina que o câncer é causado pela repressão de sentimentos violentos. A paixão bloqueada que matou Insarov foi o idealismo. A paixão que as pessoas creem que lhes causará câncer, se não for liberada, é a raiva. Não existem modernos Insarov. Em vez disso, existem cancerófobos como Norman Mailer, que há pouco explicou que se não tivesse esfaqueado sua esposa (e dado vazão a "um antro de sentimentos assassinos") teria ficado com câncer e "morrido em poucos anos". É a mesma fantasia que no passado se associava à tuberculose, porém numa versão bem mais deplorável.

A fonte de boa parte das fantasias correntes que associam o câncer à repressão da paixão está em Wilhelm Reich, que definiu o câncer como "uma doença que se segue à resignação emocional — um encolhimento bioenergético, uma renúncia da esperança". Reich exemplificava sua influente teoria com o câncer de Freud, que a seu ver começou quando Freud, naturalmente passional e "muito infeliz no casamento", cedeu à resignação:

> Levava uma vida familiar muito calma, serena e correta, mas não há muita dúvida de que estava bastante insatisfeito genitalmente. Tanto a sua resignação como o seu câncer são indícios disso. Freud teve de renunciar, como pessoa. Teve de renunciar a seus prazeres pessoais, a seus deleites pessoais, na sua meia-idade [...] se a minha visão do câncer está correta, a pessoa renuncia, resigna-se — e depois encolhe.

"A morte de Ivan Ilitch", de Liev Tolstói, é muitas vezes citado como um relato clínico das relações entre o câncer e a resignação caracterológica. Mas a mesma teoria foi aplicada à tuberculose por Groddeck, que definiu a tuberculose como

> o anseio de esvair-se. O desejo tem de esvair-se, daí o desejo do vai e vem, do sobe e desce do amor erótico, simbolizado pela respiração. E, com o desejo, os pulmões se esvaem [...] o corpo se esvai [...][7]

A exemplo das explicações do câncer hoje em dia, todas as típicas explicações da tuberculose no século XIX apresentam a resignação como causa da enfermidade. Elas mostram também como, à medida que a doença avança, a pessoa *se torna* resignada — Mimi e Camille morrem por causa da sua renúncia ao amor, beatificadas pela resignação. O ensaio autobiográfico "Ordered South", de Robert Louis Stevenson, redigido em 1874, descreve os estágios em que o tuberculoso é "delicadamente despojado da paixão de viver", e uma resignação ostentosa é característica da rápida decadência dos tuberculosos, conforme se vê relatado em detalhes em obras de ficção. Em *A casa do Pai Tomás*, Evinha morre com uma serenidade sobrenatural e, algumas semanas antes do fim, declara ao pai: "Minhas forças diminuem a cada dia e eu sei que tenho de partir". Tudo o que sabemos da morte de Milly Theale em *As asas da pomba* é que "ela virou o rosto para a parede". A tuberculose era representada como a morte passiva prototípica. Não raro, era uma espécie de suicídio. Em "Os mortos", de Joyce, Michael Furey está parado na chuva no jardim de Gretta Conroy na noite da véspera de sua partida para a escola no convento de freiras; ela implora que ele vá embora; "ele disse que não queria ir" e uma semana depois morre.

Os tuberculosos podem ser representados como apaixonados porque são, de maneira mais característica, carentes de vitalidade, de força vital. (Como na atualização contemporânea dessa fantasia, as pessoas propensas ao câncer são aquelas insuficientemente sexuais ou carentes de contato com a própria ira.) É assim que os irmãos Goncourt, esses dois observadores célebres por sua frieza, explicam a tuberculose de seu amigo Murger (o autor de *Scènes de la vie bohème*): ele está morrendo "por carência de vitalidade para enfrentar o sofrimento". Michael Furey era "muito delicado", como explica Gretta Conroy ao marido, "robusto, corpulento", viril e repentinamente ciumento. A tuberculose é exaltada como a doença das vítimas natas, das pessoas sensíveis, passivas, que não têm amor suficiente à vida para sobreviver. (O que é sugerido pelas desejosas mas quase sonolentas beldades da arte pré-rafaelita se torna explícito nas mocinhas macilentas, de olhos fundos e tuberculosas, pintadas por Edvard Munch.) E, enquanto a representação corrente da morte por tuberculose põe a ênfase na perfeita sublimação do sentimento, a figura recorrente da cortesã tuberculosa indica que a tuberculose também era vista como capaz de tornar sexy a pessoa doente.

Como todas as metáforas de verdadeiro sucesso, a metáfora da tuberculose era rica o bastante para propiciar duas aplicações contraditórias. Descrevia a morte de alguém (uma criança, por exemplo) como "boa" demais para ser sexual: a postulação de uma psicologia angelical. Era também um meio de representar sentimentos sexuais — ao mesmo tempo que cancelava a responsabilidade da libertinagem, tida como culpada de um estado de decadência ou deliquescência objetiva, fisiológica. Era tanto um modo de representar a sensualidade e fomentar as demandas da paixão como um modo de representar a repressão e divulgar as demandas da sublimação, e a doença suscitava tanto um "torpor do espírito" (palavras de Robert Louis Stevenson) como um derramamento de sentimentos mais elevados. Acima de tudo, era um modo de afirmar o valor de ser mais consciente, mais complexo em termos psicológicos. A saúde se torna banal e até vulgar.

4

AO QUE PARECE, SER TUBERCULOSO já havia adquirido a conotação de ser romântico em meados do século XVIII. No primeiro ato, cena I, da sátira da vida de província intitulada *She Stoops to Conquer* [Ela se rebaixa para vencer] (1773), de Oliver Goldsmith, o sr. Hardcastle queixa-se delicadamente com a sra. Hardcastle de que ela mima em demasia Tony Lumpkin, o seu leviano filho de um casamento anterior:

Sra. H.: E eu tenho culpa? O pobre rapaz foi sempre doentio demais para fazer qualquer coisa de bom. Uma escola seria a sua morte. Quando ocorre de ficar um pouco mais forte, quem sabe o que um ou dois anos de latim lhe causariam?
Sr. H.: Latim para ele! É dar um violino para um gato. Não, não, a cervejaria e a cocheira são as únicas escolas que ele há de frequentar.
Sra. H.: Bem, não devemos repreender o pobre rapaz agora, pois creio que não o teremos conosco por muito tempo. Qualquer pessoa que olhe seu rosto pode ver que está tuberculoso.
Sr. H.: Ah, se engordar for um dos sintomas...
Sra. H.: Às vezes ele tosse.
Sr. H.: Sim, quando a bebida desce pelo caminho errado.
Sra. H.: Eu temo de verdade pelos seus pulmões.
Sr. H.: E na verdade eu também; pois ele às vezes esbraveja como uma trombeta falante — [*Tony chama com voz alta fora de cena*] — Ah, aí está ele. De fato, uma figura deveras tuberculosa.

Esse diálogo sugere que a fantasia em torno da tuberculose já era uma ideia aceita, pois a sra. Hardcastle não passa de uma antologia de clichês do mundo chique de Londres ao qual ela aspira e que formava a plateia da peça de Goldsmith.[8] Goldsmith presume que o mito da tuberculose já está amplamente disseminado — a tuberculose era, por assim dizer, a antigota. Para esnobes, *parvenus* e arrivistas, a tuberculose era um índice de ser distinto, delicado, sensível. Com a nova mobilidade (social e geográfica) que se tornou possível no século XVIII, o mérito e a posição não são dados; têm de ser certificados. Eram certificados mediante ideias novas sobre roupas ("moda") e atitudes novas com relação à doença. Tanto a roupa (a veste externa do corpo) como a doença (uma espécie de decoração interna do corpo) se tornaram tropos de atitudes novas a respeito de si mesmo.

Shelley escreveu para Keats no dia 27 de julho de 1820 compadecendo-se, de um tuberculoso para outro, por ter sabido que "você continua a ter um aspecto tuberculoso". Não era uma simples maneira de dizer. A tuberculose era tida como um modo de se apresentar, e tal aparência tornou-se um elemento básico nos costumes do século XIX. Passou a ser rude comer com entusiasmo. Era sofisticado ter um aspecto doentio. "Chopin era tuberculoso numa época em que ter boa saúde não era chique", escreveu Camille Saint-Saëns em 1913. "Era estar na moda ser pálido e debilitado; a princesa Belgiojoso vagava pelos bulevares [...] pálida como a morte em pessoa." Saint-Saëns tinha razão em associar um artista, Chopin, com a mais célebre *femme fatale* da época, que muito contribuiu para a popularização do aspecto tuberculoso. A imagem do corpo influenciada pela tuberculose foi um novo modelo para a aparência aristocrática — num momento em que a aristocracia deixava de ser uma questão de poder e passava a ser sobretudo uma questão de imagem. ("Nunca se é rico demais. Nunca se é magro demais", disse certa vez a duquesa de Windsor.) De fato, a romantização da tuberculose é o primeiro exemplo de larga difusão dessa atividade caracteristicamente moderna: promover o eu como imagem. O aspecto tuberculoso tinha de ser considerado atraente uma vez que passou a ser considerado sinal de distinção de uma origem nobre. "Tusso sem parar!", escreveu Marie Bachkirtsev no *Diário*, livro muito lido na época, publicado em 1887, após a morte da autora aos vinte e quatro anos. "Mas, por incrível que pareça, longe de me tornar feia, isso me dá um ar de langor que me cai muito bem." O que antes era um modismo para aristocráticas *femmes fatales* e para jovens aspirantes a artistas tornou-se, por fim, o domínio da moda em si. A moda das mulheres do século XX (com seu culto à magreza) constitui o último baluarte das metáforas associadas à romantização da tuberculose, surgidas no fim do século XVIII e no início do século XIX.

Muitas atitudes eróticas e literárias conhecidas como "tormento romântico" derivam da tuberculose e de suas transformações por meio de metáforas. O tormento tornou-se romântico numa visão estilizada dos sintomas preliminares da doença (por exemplo, a fraqueza é transformada em langor) e o tormento autêntico foi simplesmente eliminado. Moças abatidas, de peito cavado, e rapazes pálidos e raquíticos competiam entre si como candidatos a essa doença incurável (na época), na maioria dos casos, incapacitante e de fato terrível. "Quando eu era jovem", escreveu Théophile Gautier, "não podia aceitar como poeta lírico alguém que pesasse mais de quarenta e cinco quilos." (Observem que Théophile Gautier diz poeta lírico, pelo visto resignado ao fato de que romancistas tinham de ser compostos de uma matéria grosseira e bruta.) Gradualmente, o aspecto tuberculoso, que simbolizava uma vulnerabilidade atraente, uma sensibilidade superior, tornou-se cada vez mais uma aparência ideal para mulheres — ao passo que os grandes homens de meados e do final do século XIX ficavam mais gordos, fundavam impérios industriais, escreviam centenas de romances, travavam guerras e pilhavam continentes.

É razoável supor que essa romantização da tuberculose tenha sido apenas uma transfiguração literária da doença e que, na época em que causou seus maiores estragos, a tuberculose era provavelmente vista como algo repugnante — a exemplo do câncer hoje em dia. Sem dúvida, todos no século XIX conheciam, por exemplo, o mau cheiro do hálito da pessoa tuberculosa. (Ao narrar sua visita ao moribundo Murger, os Goncourt registraram "o odor de carne podre em seu quarto".) Porém, todos os sinais indicam que o culto da tuberculose não era uma simples invenção de poetas românticos e de libretistas de ópera, mas uma atitude amplamente difundida, e que uma pessoa (jovem) que morria de tuberculose era, de fato, vista como uma personalidade romântica. Deve-se supor que a realidade dessa doença terrível não podia derrotar ideias novas e importantes, em especial sobre a individualidade. Foi com a tuberculose que se articulou a ideia da doença individual, junto com a ideia de que as pessoas se tornam mais conscientes à medida que se confrontam com a própria morte, e nas imagens reunidas em torno da doença pode-se ver o surgimento da ideia moderna de individualidade que, no século XX, adquiriu uma forma mais agressiva, quando não mais narcisista. A enfermidade era um modo de tornar as pessoas "interessantes" — como a palavra "romântico" era originalmente definida. (Schlegel, em seu ensaio "Sobre o estudo da poesia grega" [1794], propõe "o interessante" como o ideal da poesia moderna — ou seja, romântica.) "O ideal da saúde perfeita", escreveu Novalis num fragmento do período 1799-1800, "só é interessante cientificamente"; interessante de fato é a doença, "que diz respeito à individualização". Essa ideia — de como os doentes são interessantes — recebeu de Nietzsche sua formulação mais audaciosa e mais ambivalente em *A vontade de potência* e em outros textos, e, embora Nietzsche raramente mencionasse uma enfermidade específica, esses juízos célebres acerca da fraqueza individual e do esgotamento ou da decadência cultural incorporam e ampliam muitos clichês sobre a tuberculose.

O enfoque romântico da morte assegura que as pessoas se tornavam mais interessantes por causa de sua doença. "Estou pálido", disse Byron, olhando no espelho. "Bem que eu gostaria de morrer de tuberculose." Por quê?, perguntou seu amigo tuberculoso Tom Moore, que visitava Byron em Patras, em fevereiro de 1828. "Porque as senhoras diriam: 'Vejam o pobre Byron, que aspecto interessante ele tem ao morrer'." Talvez a principal contribuição que os românticos trouxeram à sensibilidade não tenham sido a estética da crueldade e a beleza do mórbido (como sugeriu Mario Praz em seu livro famoso), ou mesmo a demanda de uma liberdade pessoal ilimitada, mas sim a ideia niilista e sentimental do "interessante".

A tristeza tornava a pessoa "interessante". Ser triste era um sinal de refinamento, de sensibilidade. Ou seja, ser impotente. Em *Armance*, de Stendhal, a mãe aflita é tranquilizada pelo médico que lhe diz que Octave, afinal, não sofre de tuberculose, mas apenas dessa "melancolia insatisfeita e crítica, característica dos jovens da sua geração e da sua posição". Tristeza e tuberculose tornaram-se sinônimos. O escritor suíço Henri Amiel, ele mesmo um tuberculoso, escreveu em 1852 em seu *Journal Intime*:

> O céu toldou-se em cinza, plissado por um sutil sombreado, neblinas escorriam nas montanhas distantes; a natureza desesperava-se, folhas caíam de todos os lados como perdidas ilusões da juventude sob as lágrimas da dor incurável [...] O abeto, solitário em seu vigor, verde, estoico em meio a essa tuberculose universal.

Mas é preciso uma pessoa sensível para sentir tal tristeza ou, por implicação, para contrair tuberculose. O mito da tuberculose constitui o penúltimo episódio na longa carreira da antiga noção de melancolia — que era a doença do artista, segundo a teoria dos quatro humores. A personagem melancólica — ou tuberculosa — era superior: sensível, criativa, um ser à parte. Keats e Shelley podem ter sofrido de forma atroz por causa da doença, mas Shelley consolava Keats dizendo que "essa tuberculose é uma doença particularmente afeita às pessoas que escrevem versos tão bons como os que você fez". Tão bem estabelecido era o clichê que ligava a tuberculose à criatividade que, no fim do século XIX, um crítico sugeriu que o progressivo desaparecimento da tuberculose era o responsável pelo declínio que se observava na literatura e nas artes.

Mas o mito da tuberculose forneceu mais do que uma explicação para a criatividade. Proporcionou um importante modelo para a vida boêmia, vivida com ou sem a vocação do artista. O tuberculoso era um marginal, um errante em uma busca infindável de um lugar saudável. A partir do início do século XIX, a tuberculose tornou-se um novo motivo para o exílio, para uma vida que era sobretudo viajar. (Viajar ou isolar-se num sanatório não eram, até então, formas de tratamento da tuberculose.) Havia lugares especiais considerados bons para os tuberculosos: no início do século XIX, a Itália; depois, ilhas do Mediterrâneo ou do Pacífico Sul; no século XX, as montanhas, o deserto — paisagens que foram, todas elas, sucessivamente romantizadas. Os médicos recomendaram a Keats que se mudasse para Roma; Chopin tentou as ilhas do oeste do Mediterrâneo; Robert Louis Stevenson escolheu o exílio no Pacífico; D. H. Lawrence percorreu mais de metade do globo terrestre.[9] Os românticos inventaram a invalidez como pretexto para o ócio e para a isenção das obrigações burguesas, a fim de viver apenas para a sua arte. Era um modo de afastar-se do mundo sem ter a responsabilidade da decisão — o enredo de *A montanha mágica*. Depois de ser aprovado nos exames e antes de assumir seu emprego num estaleiro de Hamburgo, o jovem Hans Castorp faz uma visita de três semanas ao primo tuberculoso no sanatório de Davos. Pouco antes de Hans "descer", o médico diagnostica uma mancha em seus pulmões. Ele fica na montanha durante os sete anos seguintes.

Por legitimar tantos anseios possivelmente subversivos e transformá-los em devoções culturais, o mito da tuberculose sobreviveu a experiências humanas irrefutáveis e ao crescente conhecimento médico durante quase duzentos anos. Embora tenha havido certa reação contra o culto romântico da doença na segunda metade do século XIX, a tuberculose conservou a maioria de seus atributos românticos — como sinal de uma natureza superior, como uma fragilidade que cai bem — no final daquele século e durante boa parte do XX. Ainda é a doença de jovens artistas sensíveis na peça *Longa jornada de um dia noite adentro*, de O'Neill. As cartas de Kafka são um compêndio de especulações sobre o sentido da tuberculose, como é *A montanha mágica*, publicado em 1924, o ano em que Kafka morreu. Boa parte da ironia de *A montanha mágica* volta-se contra Hans Castorp, o burguês imperturbável que contrai tuberculose, a doença dos artistas — pois o romance de Mann é um comentário tardio e consciente sobre o mito da tuberculose. Mas o romance ainda reflete o mito: o burguês *é* de fato espiritualmente depurado pela sua doença. Morrer de tuberculose era ainda misterioso e (muitas vezes) edificante, e assim continuou, até que quase ninguém mais na Europa Ocidental ou na América do Norte morresse de tuberculose. Embora a incidência da doença tenha começado a declinar acentuadamente a partir de 1900 em virtude das melhorias das condições de higiene, o índice de mortalidade entre os que contraíam tuberculose permaneceu elevado; a força do mito só se desfez quando por fim se desenvolveu o tratamento adequado, com a descoberta da estreptomicina em 1944 e a introdução da isoniazida em 1952.

Se ainda é difícil imaginar como a realidade de uma doença tão terrível pôde ser transformada de maneira tão absurda, talvez seja de alguma ajuda lembrarmos uma distorção comparável efetuada por nossa própria era, sob a pressão da necessidade de exprimir atitudes românticas a respeito do eu. O objeto da distorção não é, está claro, o câncer — uma doença que ninguém conseguiu glamorizar (embora, como metáfora, ela cumpra algumas das funções exercidas pela tuberculose no século XIX). No século XX, a doença repulsiva, atormentadora, que se tornou sinal de uma sensibilidade superior, o veículo de sentimentos "espirituais" e de um descontentamento "crítico", é a loucura.

As fantasias associadas à tuberculose e à loucura guardam muitos paralelos. Em ambas as enfermidades, existe o isolamento. Os doentes são enviados a um "sanatório" (a palavra comum para uma clínica de tuberculosos e o eufemismo mais comum para um asilo de loucos). Uma vez isolado, o paciente ingressa num mundo duplicado, com regras especiais. A exemplo da tuberculose, a loucura é uma espécie de exílio. A metáfora da viagem psíquica é um prolongamento da ideia romântica de viagem associada à tuberculose. Para curar-se, o paciente tem de ser levado para fora de sua rotina diária. Não por acaso a metáfora mais comum para uma experiência psicológica radical vista de maneira positiva — produzida por drogas ou por psicose — é a de uma viagem.

No século XX, o feixe de metáforas e de atitudes antes vinculadas à tuberculose se divide e se distribui em duas enfermidades. Alguns traços da tuberculose vão para a loucura: a ideia do doente como uma criatura inquieta, imprudente, sujeita a excessos passionais, alguém demasiado sensível para suportar os horrores do mundo vulgar e cotidiano. Outros traços da tuberculose vão para o câncer — os tormentos que não podem ser romantizados. O veículo presente do nosso mito secular da autotranscendência não é a tuberculose mas sim a loucura. O ponto de vista romântico é que a doença exacerba a consciência. Antes, a doença era a tuberculose; agora, a loucura é tida como capaz de levar a consciência a um estado de esclarecimento paroxístico. A romantização da loucura reflete, da maneira mais veemente, o prestígio contemporâneo do comportamento irracional ou bruto (espontâneo), o prestígio daquela mesma paixão cuja repressão foi vista, no passado, como causa da tuberculose e hoje é tida como causa do câncer.

5

EM *MORTE EM VENEZA*, a paixão produz a derrocada de tudo o que tornava Gustav von Aschenbach uma pessoa singular — sua razão, suas inibições, seu espírito exigente. E a doença o degrada ainda mais. No fim da história, Aschenbach não passa de mais uma vítima da cólera, e sua derradeira degradação consiste em sucumbir à doença que aflige tantas pessoas em Veneza naquele momento. Quando, em *A montanha mágica*, Hans Castorp descobre que está com tuberculose, isso é uma promoção. Sua doença tornará Hans Castorp mais singular, o tornará mais inteligente do que antes. Numa ficção, a doença (cólera) é o castigo por causa de um amor secreto; na outra, a doença (tuberculose) é a sua expressão. A cólera é o tipo de fatalidade que, em retrospecto, simplificou um eu complexo, reduzindo-o a um ambiente insalubre. A doença que individualiza, que põe a pessoa em relevo contra o ambiente, é a tuberculose.

O que, no passado, dava à tuberculose um aspecto tão interessante — ou, como se diz em geral, tão romântico — também a transformava numa maldição e na fonte de um horror especial. Em contraste com as grandes doenças epidêmicas do passado (peste bubônica, tifo, cólera), que acometiam cada pessoa como membro de uma comunidade assolada, a tuberculose era entendida como uma doença que isolava a pessoa da comunidade. Por maior que fosse sua incidência numa população, a tuberculose — como o câncer, hoje em dia — sempre pareceu uma misteriosa doença de indivíduos, uma flecha certeira que podia alvejar qualquer pessoa e que escolhia suas vítimas individualmente, uma a uma.

Assim como ocorria no caso de morte por cólera, era comum queimar as roupas e outros pertences de uma pessoa que morria de tuberculose. "Esses italianos brutos quase terminaram sua tarefa monstruosa", escreveu Joseph Stevens, amigo de Keats, em Roma, no dia 6 de março de 1821, duas semanas após Keats ter morrido num quartinho na Piazza di Spagna. "Queimaram toda a mobília — e agora raspam as paredes — fazem janelas novas — portas novas — e até um piso novo." Mas a tuberculose era apavorante não só pelo contágio, como a cólera, mas também como uma "nódoa" aparentemente arbitrária e incomunicável. E muitos podiam acreditar que a tuberculose era herdada (pense na recorrência da doença nas famílias de Keats, das irmãs Brontë, de Emerson, de Thoreau, de Trollope) e também que ela revelava algo singular acerca da pessoa afetada. De modo semelhante, os indícios de que existem famílias propensas ao câncer e de que, talvez, se possa reconhecer um fator hereditário no câncer não abalam a crença de que o câncer é uma doença que ataca, de maneira punitiva, cada pessoa individualmente. Ninguém pergunta "Por que eu?" quando contrai cólera ou tifo. Mas "Por que eu?" (com o sentido de "isso não é justo") é a pergunta que muitos se fazem quando sabem que estão com câncer.

Por mais que a tuberculose pudesse ser atribuída à pobreza e às condições insalubres, pensava-se ainda que era necessária certa predisposição interior para contrair a doença. Médicos e leigos acreditavam numa personalidade típica da tuberculose — como hoje a crença numa personalidade típica propensa ao câncer, longe de estar restrita ao quintal da superstição popular, é vista como expressão do pensamento médico mais avançado. Em contraste com o moderno fantasma da personalidade propensa ao câncer — alguém pouco emotivo, inibido, reprimido —, a personalidade propensa à tuberculose que assombrou a imaginação de muitos no século XIX era um amálgama de duas fantasias distintas: uma pessoa passional e, ao mesmo tempo, reprimida.

A sífilis, esse outro famigerado flagelo entre as doenças do século XIX, pelo menos não era misteriosa. Contrair sífilis era uma consequência previsível, a consequência, em geral, de fazer sexo com um portador da doença. Assim, entre todas as fantasias ornadas de culpa a respeito da contaminação sexual vinculadas à sífilis, não havia lugar para um tipo de personalidade tida como especialmente suscetível à doença (como antigamente se imaginava no caso da tuberculose e como hoje se imagina no caso do câncer). A personalidade sifilítica típica era alguém que tinha a doença (Osvald, em *Fantasmas*, de Ibsen, Adrian Leverkühn, em *Doutor Fausto*), e não alguém com probabilidade de contraí-la. Em seu papel de flagelo, a sífilis implicava um julgamento moral (sobre sexo fora do limite, sobre prostituição), mas não um julgamento psicológico. A tuberculose, antes tão misteriosa — como o câncer, hoje —, sugeria julgamentos mais profundos, morais e psicológicos, a respeito do doente.

As especulações do mundo antigo faziam da doença, no mais das vezes, um instrumento da ira divina. O julgamento era imposto ou a uma comunidade (a peste que Apolo, no Canto I da *Ilíada*, inflige aos aqueus em castigo por Agamêmnon ter raptado a filha de Crises; a peste que ataca Tebas, em *Édipo*, em razão da presença contagiosa do rei pecador) ou a uma pessoa específica (a ferida fétida no pé de Filoctetes). As doenças em torno das quais as fantasias modernas se concentraram — a tuberculose, o câncer — são vistas como formas de autojulgamento, de autotraição.

A mente de uma pessoa trai o seu corpo. "Minha cabeça e meus pulmões entraram em acordo sem o meu conhecimento", disse Kafka sobre a sua tuberculose numa carta para Max Brod, em setembro de 1917. Ou o corpo da pessoa trai os seus sentimentos, como no romance tardio de Mann *O cisne negro*, cuja heroína de idade bem madura, jovialmente apaixonada por um rapaz, toma por uma volta de suas menstruações o que na verdade é uma hemorragia e um sintoma de câncer incurável. A traição do corpo é vista como dotada de uma lógica própria interna. Freud era "muito bonito [...] quando falava", recordou Wilhelm Reich. "Então, a coisa atacou bem ali, na boca. E foi aí que comecei a me interessar pelo câncer." Esse interesse levou

Reich a propor sua versão a respeito do elo entre uma doença mortal e a personalidade daqueles a quem ela mortifica.

No ponto de vista pré-moderno sobre a doença, o papel da personalidade restringia-se ao comportamento da pessoa após o início da enfermidade. Como qualquer situação extrema, a doença temida revela tanto o melhor como o pior da pessoa. Porém as explicações usuais das epidemias tratam sobretudo do efeito devastador da doença sobre a personalidade. Quanto mais fraco for o preconceito do cronista de que a doença é o castigo por alguma iniquidade, maior a probabilidade de que a explicação enfatize a corrupção moral que a disseminação da doença tornou manifesta. Mesmo que não seja entendida como um julgamento sobre a comunidade, a doença torna-se isso — retroativamente —, porquanto desencadeia uma inexorável derrocada da moral e dos costumes. Tucídides relata como a peste que irrompeu em Atenas, em 430 a.C., espalhou a desordem e a ilegalidade ("o gozo do momento tomou o lugar tanto da honra quanto da experiência") e corrompeu até o idioma. E toda a finalidade do relato de Bocaccio sobre a grande peste de 1348 — nas primeiras páginas de *O decamerão* — se resume em mostrar que os cidadãos de Florença se comportavam muito mal.

Em contraste com esse conhecimento desdenhoso de como a maioria das lealdades e dos amores se esboroa em meio ao pânico gerado por uma doença epidêmica, as considerações sobre as doenças modernas — nas quais o julgamento tende a recair no indivíduo e não na sociedade — parecem exageradamente desatentas à maneira lamentável como muitas pessoas recebem a notícia de que estão morrendo. Uma doença fatal sempre foi vista como um teste do caráter moral mas, no século XIX, houve uma grande relutância em deixar alguém ser reprovado no teste. E os virtuosos tornavam-se apenas mais virtuosos à medida que deslizavam rumo à morte. Essa é a proeza típica que se verifica nas mortes por tuberculose em obras de ficção e acompanha a inveterada espiritualização da tuberculose e a sentimentalização de seus horrores. A tuberculose proporcionava uma morte redentora para os decaídos, como a jovem prostituta

Fantine, em *Les misérables*, ou uma morte sacrificatória para os virtuosos, como a heroína de *A carruagem fantasma*, de Selma Lagerlöf. Mesmo os ultravirtuosos, quando morriam dessa doença, se alçavam a novos patamares morais. *A cabana do Pai Tomás*: Evinha, em seus últimos dias, exorta o pai a tornar-se um cristão sério e libertar todos os seus escravos. *As asas da pomba*: após saber que seu pretendente é um caçador de dotes, Milly Theale lega sua fortuna a ele e morre. *Dombey and Son*: "Por algum motivo oculto, entendido por ele mesmo de modo muito imperfeito — se é que fora entendido de alguma forma —, [Paul] sentiu um impulso de afeição cada vez maior, dirigido a quase tudo e a quase todos naquele lugar".

Para os personagens tratados de maneira menos sentimental, a doença é vista como uma oportunidade para, finalmente, agir bem. Pelo menos a calamidade da doença pode abrir caminho para discernir autoenganos e falhas de caráter de toda uma vida. As mentiras que sufocam a arrastada agonia de Ivan Ilitch — seu câncer é um assunto que a esposa e os filhos nunca mencionam — lhe revelam a mentira de toda a sua vida; quando morre, ele se encontra, pela primeira vez, na verdade. O funcionário público de sessenta anos no filme *Ikiru* (1952), de Kurosawa, pede demissão do emprego ao saber que está com câncer no estômago, em estado terminal e, ao assumir a causa de uma favela vizinha, enfrenta a mesma burocracia a que serviu. Restando-lhe ainda um ano de vida, Watanabe quer fazer algo que valha a pena, quer redimir sua vida medíocre.

6

NA *ILÍADA* E NA *ODISSEIA*, a doença ocorre como um castigo sobrenatural, como uma possessão demoníaca e como resultado de causas naturais. Para os gregos, a doença podia ser gratuita ou podia ser merecida (por causa de uma falta pessoal, de uma transgressão coletiva, ou de um crime cometido por um ancestral). Com o advento do cristianismo, que impôs ideias mais moralizadas sobre a doença, como sobre tudo o mais, aos poucos se desenvolveu um elo mais íntimo entre a doença e a "vítima". A noção da doença como punição gerou a ideia de que a doença podia ser um castigo especialmente adequado e justo. A lepra de Créssida em *O testamento de Créssida*, de Henryson, e a varíola de Madame de Merteuil em *Les liaisons dangereuses* mostram a face verdadeira da bela mentirosa — uma revelação involuntária ao mais alto grau.

No século XIX, a ideia de que a doença condiz com o caráter do paciente, assim como o castigo condiz com o pecador, foi substituída pela ideia de que ela expressa o caráter. É um produto da vontade. "A vontade se manifesta como um corpo organizado", escreveu Schopenhauer, "e a presença da doença significa que a vontade mesma está doente." A recuperação de uma doença depende de a vontade saudável simular "um poder ditatorial a fim de subjugar as forças rebeladas" da vontade doente. Uma geração antes, o grande médico Bichat usou uma imagem semelhante e chamou a saúde de "o silêncio dos órgãos" e a doença de "a sua revolta". A doença é a vontade que fala por intermédio do corpo, uma linguagem para dramatizar o mental: uma forma de autoexpressão. Groddeck definiu a doença como "um símbolo, uma representação de algo que se passa por dentro, um drama encenado pelo Isso".[10]

Segundo o ideal pré-moderno de uma personalidade equilibrada, supõe-se que a expressividade deva ser limitada. O comportamento é definido pela sua potencialidade para o excesso. Assim, quando Kant usa o câncer de maneira figurada, o faz como metáfora para um sentimento excessivo. "As paixões são cânceres para a razão prática pura, e não raro incuráveis", escreveu Kant em *Antropologia* (1798). "As paixões [...] são afetos desventurados que se encontram grávidos de muitos males", acrescentou, aludindo ao antigo vínculo metafórico entre câncer e gravidez. Quando compara as paixões (ou seja, sentimentos extremados) a cânceres, Kant, é claro, utiliza o significado pré--moderno da doença e uma apreciação pré-romântica da paixão. Em breve, o sentimento turbulento passaria a ser visto de modo muito mais positivo. "Não existe no mundo ninguém menos capaz de esconder seus sentimentos do que Émile", disse Rousseau — como um elogio.

À medida que os sentimentos exacerbados se tornam positivos, deixam de ser equiparados — com o intuito de denegri-los — a uma doença terrível. Em vez disso, a doença é vista como um veículo para o sentimento exacerbado. A tuberculose é a doença que torna manifesto o desejo veemente; isso desvela, a despeito da relutância do indivíduo, aquilo que o indivíduo não quer revelar. O contraste não mais se estabelece entre paixões moderadas e excessivas mas sim entre paixões ocultas e paixões trazidas à tona. A doença revela desejos dos quais o paciente, provavelmente, não tinha consciência. Doenças — e pacientes — tornam-se temas para decifração. E essas paixões ocultas são agora consideradas uma fonte de doença. "Quem deseja mas não pratica engendra pestilência", escreveu Blake: um de seus rebeldes Provérbios do Inferno.

Os primeiros românticos buscavam a superioridade mediante o desejar, e mediante o desejar o desejo, com mais intensidade do que as demais pessoas. A incapacidade para cumprir esses ideais de vitalidade e de espontaneidade perfeita era vista como um fator que tornava uma pessoa um candidato ideal à tuberculose. O romantismo contemporâneo parte do princípio inverso

— são os outros que desejam intensamente e a própria pessoa (as narrativas são tipicamente na primeira pessoa) tem pouco ou nenhum desejo. Há precursores dos modernos egos românticos insensíveis nos romances russos do século XIX (Petchórin, em *O herói de nosso tempo*, de Liérmontov; Stravóguin, em *Os possessos*); mas ainda são heróis — inquietos, amargos, autodestrutivos, atormentados por sua inaptidão para sentir. (Mesmo seus descendentes soturnos, meramente ocupados consigo mesmos, Roquentin em *A náusea*, de Sartre, e Mersault em *O estrangeiro*, de Camus, parecem aturdidos por sua incapacidade para sentir.) O anti-herói passivo, indiferente, que domina a ficção americana contemporânea é uma criatura de hábitos rotineiros ou de insensível devassidão; não autodestrutivo, mas prudente; não melancólico, impetuoso ou cruel, mas apenas dissociado. O candidato ideal ao câncer, segundo a mitologia contemporânea.

Pode parecer menos moralista deixar de considerar a doença como uma punição condizente com o caráter moral objetivo e torná-la uma expressão do eu interior. Mas tal concepção termina por revelar-se igualmente ou ainda mais moralista e punitiva. Com as doenças modernas (antes a tuberculose, hoje o câncer), a ideia romântica de que a doença expressa o caráter é invariavelmente ampliada a fim de assegurar que o caráter causa a doença — porque ele não se exprimiu. A paixão se move para dentro, atacando e devastando os redutos celulares mais profundos.

"O homem doente cria, ele mesmo, a sua doença", escreveu Groddeck; "ele é a causa da doença e não precisamos procurar nenhuma outra causa." "Bacilos" encabeçam a lista de Groddeck das meras "causas exteriores" — seguidos por "calafrios, voracidade, excesso de bebida, trabalho ou o que for". Ele insiste em que os médicos preferem "atacar as causas exteriores com profilaxia, desinfecção e assim por diante", em vez de voltar-se para as causas verdadeiras e interiores, "porque é desagradável olhar para dentro de nós mesmos". Na formulação mais recente de Karl Menninger: "A doença é em parte aquilo que o mundo fez a uma vítima mas, na maior parte, é aquilo que a vítima fez ao seu mundo e a si mesma". Tais concepções absurdas e perigosas põem o ônus da doença no paciente e não só enfraquecem a capacidade do paciente para entender o alcance do tratamento médico adequado como também, de forma implícita, afastam o paciente de tal tratamento. Acredita-se que a cura depende sobretudo da capacidade de autoestima do paciente, uma capacidade já debilitada e posta à prova de forma cruel. Um ano antes de sua morte em 1923, Katherine Mansfield escreveu no seu *Diário*:

> Um mau dia [...] dores horríveis etc., e fraqueza. Não consegui fazer nada. A fraqueza não era só física. *Preciso curar o meu Eu* antes de ficar boa [...] Tenho de fazer isso sozinha e sem demora. É o que está na raiz do fato de eu não melhorar. Minha mente não está *controlada*.

Mansfield não só pensa que foi o "Eu" que a fez ficar doente como também pensa que tem chance de se curar de sua doença pulmonar grave e sem esperança se conseguir curar esse "Eu".[11]

O mito sobre a tuberculose e o mito corrente sobre o câncer sugerem que a pessoa é responsável por sua própria doença. Mas o imaginário sobre o câncer é muito mais punitivo. Em vista dos critérios românticos vigentes para julgar o caráter e a doença, algum glamour se associa ao fato de se padecer de uma doença vista como oriunda de a pessoa conter um excesso de paixão. Mas é a vergonha, acima de tudo, que se associa a uma doença tida como decorrente da repressão da emoção — um opróbrio que ecoa nas ideias propagadas por Groddeck e Reich, e por muitos escritores influenciados por eles. A visão do câncer como a doença do fracasso da expressividade condena o paciente de câncer; manifesta piedade, mas também transmite desprezo. A senhorita Gee, num poema de Auden da década de 1930, "passava pelos casais de amantes" e "virava a cabeça para o lado oposto". E depois:

> *A senhorita Gee ajoelhou-se no altar lateral,*
> *Implorou de joelhos;*

*"Não me deixai cair em tentação
Mas fazei de mim uma boa moça, por favor."*

*Os dias e as noites passavam por ela
Como ondas por destroços na Cornualha;
Ela foi de bicicleta ao médico
Com a roupa abotoada até o pescoço.*

*Ela foi de bicicleta ao médico,
E tocou a campainha do consultório;
"Ah, doutor, tenho uma dor dentro de mim,
E não me sinto muito bem."*

*O doutor Thomas a examinou,
E depois examinou mais um pouco;
Caminhou até a bacia para lavar as mãos,
Disse: "Por que não veio antes?"*

*O doutor Thomas jantou muito lentamente,
Embora sua esposa já tivesse terminado,
E enquanto enrolava o pão em bolinhas,
Disse: "O câncer é engraçado.*

*Ninguém sabe qual a sua causa,
Embora alguns pensem saber;
É como um assassino oculto
À espera para nos atacar.*

*Mulheres sem filhos pegam câncer.
E homens, quando se aposentam;
É como se tivesse de haver um escoadouro
Para o seu fogo criativo frustrado."*

O tuberculoso podia ser um criminoso ou um desajustado; a personalidade do câncer é vista de maneira mais simples, e com condescendência, como a personalidade dos perdedores na vida.

Napoleão, Ulysses S. Grant, Robert A. Taft e Hubert Humphrey tiveram, todos eles, seus cânceres diagnosticados como reação à derrota política e à frustração de suas ambições. E a morte de câncer de pessoas que dificilmente poderiam ser definidas como perdedoras, como Freud e Wittgenstein, foi diagnosticada como o castigo aterrador causado por uma vida inteira de renúncia ao instinto. (Poucos lembram que Rimbaud morreu de câncer.) Em contraste, a doença que arrebanhou pessoas como Keats, Poe, Tchekhov, Simone Weil, Emily Brontë e Jean Vigo era tanto uma apoteose quanto um veredicto de fracasso.

7

O CÂNCER É VISTO, em geral, como uma doença inadequada para uma personalidade romântica, em contraste com a tuberculose, talvez porque a depressão não romântica tenha suplantado a noção romântica de melancolia. "Uma tendência intermitente à melancolia", escreveu Poe, "sempre será vista como inseparável da perfeição da beleza." A depressão é a melancolia subtraída dos seus encantos — o fervor, os ataques.

Em apoio à teoria das causas emocionais do câncer, há uma crescente literatura e um acervo de pesquisa, e raramente se passa uma semana sem que um novo artigo anuncie ao público em geral o elo científico entre o câncer e os sentimentos dolorosos. Citam-se investigações — a maioria dos artigos refere-se às mesmas investigações — nas quais entre, digamos, algumas centenas de pacientes, dois terços ou três quintos se disseram deprimidos ou insatisfeitos com suas vidas e declararam haver sofrido a perda (por morte, rejeição ou separação) de um dos pais, de um amante, de um cônjuge ou de um amigo íntimo. Mas parece provável que, entre centenas de pessoas que *não* sofrem de câncer, a maioria também apresente emoções depressivas e traumas passados: é o que se chama de condição humana. E tais relatos clínicos são recontados numa linguagem, particularmente acessível, de desespero, de insatisfação e de preocupação obsessiva com o eu isolado e com seus "relacionamentos" jamais de todo satisfatórios, que trazem o inequívoco selo de nossa cultura de consumo. É uma linguagem que hoje muitos americanos usam a respeito de si mesmos.[12]

Investigações feitas por alguns médicos no século XIX mostraram uma estreita correlação entre o câncer e as queixas dessa época. Em contraste com os pacientes de câncer americanos contemporâneos, que invariavelmente declaram ter sentimentos de isolamento e de solidão desde a infância, os pacientes de câncer vitorianos tinham vidas superpovoadas, sobrecarregadas de trabalho, de obrigações familiares e de privações. Esses pacientes não manifestam descontentamento com suas vidas em si nem especulam acerca do teor de seus prazeres e da possibilidade de um "relacionamento significativo". Os médicos situavam as causas ou os fatores predisponentes dos seus pacientes de câncer no desgosto, na preocupação (tida como mais acentuada em homens de negócio e em mães de famílias numerosas), nas circunstâncias econômicas difíceis, em súbitas reviravoltas da sorte e no excesso de trabalho — ou, se os pacientes fossem escritores ou políticos bem-sucedidos, no desgosto, na raiva, na estafa intelectual, na aflição que acompanha a ambição e no estresse da vida pública.[13]

Acreditava-se que os pacientes de câncer no século XIX contraíam a doença em virtude da hiperatividade e da hiperexcitação. Pareciam repletos de emoções que tinham de ser abafadas. Como profilaxia contra o câncer, um médico inglês estimulava seus pacientes "a não exigir demais da sua resistência e a suportar os males da vida de forma equânime; acima de tudo, não 'deixar espaço' para nenhum desgosto". Tais conselhos estoicos foram hoje substituídos por prescrições em favor da autoexpressão, desde conversas francas sobre o assunto até o grito primal. Em 1885, um médico de Boston apontava "às pessoas que aparentemente têm tumores benignos no seio as vantagens de serem alegres". Hoje, isso seria visto como um estímulo ao tipo de dissociação emocional tida agora como predisponente do câncer.

Explicações populares sobre os aspectos psicológicos do câncer citam com frequência autoridades antigas, a começar por Galeno, que observou que "mulheres melancólicas" têm mais probabilidade de ter câncer no seio do que "mulheres sanguíneas". Mas os significados mudaram. Galeno (século II) entendia melancolia como uma condição fisiológica com sintomas caracterológicos complexos; nós a entendemos como um mero estado de ânimo. "Desgosto e angústia", disse o médico inglês

Sir Astley Cooper, em 1845, estão entre "as causas mais frequentes" do câncer no seio. Mas as observações do século XIX antes minam do que apoiam as ideias vigentes no fim do século XX — ao evocar um tipo de personalidade maníaca, ou maníaco-depressiva, quase o oposto daquela criatura desesperada, com ódio a si mesma, emocionalmente inerte, a personalidade contemporânea do câncer. Até onde sei, nenhum oncologista convicto da eficiência da poliquimioterapia e da imunoterapia no tratamento dos pacientes contribuiu para as ficções acerca de uma personalidade específica do câncer. Nem é preciso dizer que a hipótese de que o sofrimento pode afetar a capacidade imunológica (e, em certas circunstâncias, baixar a imunidade à doença) é bem diferente do ponto de vista de que as emoções causam doenças — e não lhe dá nenhum respaldo —, muito menos quando se trata da crença de que emoções específicas podem gerar doenças específicas.

A conjetura recente sobre a moderna personalidade típica do câncer localiza seu antecedente e sua contrapartida na literatura sobre a tuberculose, na qual a mesma teoria, apresentada em termos semelhantes, circulou durante largo tempo. Em seu *Morbidus anglicus* (1672), Gideon Harvey declarou que a "melancolia" e a "cólera" tinham "a mesma causa" da tuberculose (para a qual usava o termo metafórico "corrosão"). Em 1881, um ano antes de Robert Koch publicar seu estudo em que anunciou a descoberta do bacilo da tuberculose e demonstrar que ele era a causa primária da doença, um manual médico de uso corrente apresentava as causas da tuberculose: disposição hereditária, clima desfavorável, vida sedentária e em ambiente fechado, ventilação deficiente, iluminação deficiente e "emoções depressivas".[14] Embora o verbete tenha sido alterado na edição seguinte, levou muito tempo para que tais ideias perdessem a credibilidade. "Estou mentalmente enfermo, a doença dos pulmões não passa de um transbordamento da minha doença mental", escreveu Kafka para Milena, em 1920. Aplicada à tuberculose, a teoria de que as emoções causam doenças sobreviveu até uma fase bem adiantada do século XX — até, por fim, se descobrir como curar a doença. A aplicação corrente e em voga da teoria — que reporta o câncer à retração emocional e à falta de autoconfiança e de confiança no futuro — vai, provavelmente, revelar-se tão pouco defensável quanto sua aplicação à tuberculose.

Na Inglaterra assolada pela peste no fim do século XVI e no século XVII, segundo o historiador Keith Thomas, a crença de que "um homem feliz não pegaria a peste" tinha larga aceitação. A fantasia de que um estado mental feliz rechaçava a doença floresceu, provavelmente, no caso de todas as doenças infecciosas, antes que se compreendesse a natureza da infecção. Teorias de que doenças são causadas por estados mentais e podem ser curadas pela força de vontade são sempre um sinal de como o aspecto físico de uma doença é mal compreendido.

Além disso, há uma predileção peculiarmente moderna por explicações psicológicas de doenças, como de tudo o mais. Psicologizar parece abrir caminho para o controle de experiências e de fatos (como uma enfermidade grave) sobre os quais as pessoas, na verdade, têm pouco ou nenhum controle. O entendimento psicológico mina a "realidade" de uma doença. Essa realidade tem de ser explicada. (Ela quer dizer outra coisa, de fato; ou é um símbolo; ou deve ser interpretada.) Para quem vive sem o consolo da religião no que respeita à morte e até sem uma noção da morte (ou de qualquer coisa) como algo natural, a morte é o mistério obsceno, a afronta derradeira, a coisa que não se pode controlar. Só pode ser negada. Uma grande parcela da popularidade e da persuasão da psicologia advém de ser um espiritualismo sublimado: um modo secular e ostensivamente científico de assegurar a primazia do "espírito" sobre a matéria. A realidade inelutavelmente material, a doença, pode receber uma explicação psicológica. A morte como tal pode ser considerada, em última instância, um fenômeno psicológico. Groddeck afirmou em *O livro dIsso* (referia-se à tuberculose): "Só vai morrer quem desejar morrer, aquele para quem a vida é intolerável". A promessa de uma vitória temporária sobre a morte está implícita em boa parte do pensamento psicológico que começa em Freud e Jung.

Pelo menos existe a promessa de uma vitória sobre a doença. Uma doença "física" torna-se, em certo sentido, menos real — mas, em compensação, mais interessante — na medida em que pode ser considerada uma doença "mental". As especulações no período moderno tenderam, de maneira constante, a ampliar a categoria da doença mental. De fato, uma parcela da negação da morte nesta cultura consiste numa larga expansão da categoria de doença como tal.

A doença se amplia por meio de duas hipóteses. A primeira é que toda forma de desvio social pode ser considerada uma doença. Assim, se o comportamento criminoso pode ser visto como uma doença, os criminosos não devem ser condenados ou punidos, mas devem ser compreendidos (como um médico compreende), tratados, curados.[15] A segunda hipótese é que toda doença pode ser pensada de maneira psicológica. A doença é interpretada, basicamente, como um fato psicológico, e as pessoas são incentivadas a crer que adoecem porque (de forma inconsciente) querem adoecer e que podem curar-se mediante a mobilização da vontade; que podem optar por não morrer da doença. Essas duas hipóteses são complementares. Enquanto a primeira parece mitigar a culpa, a segunda a restabelece. As teorias psicológicas da doença são meios poderosos de pôr a culpa no doente. Pacientes informados de que, inadvertidamente, causaram sua própria doença são também levados a crer que a mereceram.

8

IDEIAS PUNITIVAS DE DOENÇA TÊM uma história antiga, e tais ideias são particularmente atuantes no caso do câncer. Existe a "luta" ou a "cruzada" contra o câncer; o câncer é a doença "assassina"; pessoas que têm câncer são "vítimas do câncer". De forma ostensiva, a doença é o réu. Mas o paciente de câncer também se torna culpável. Teorias psicológicas da doença que contam com larga aceitação atribuem ao desafortunado doente a responsabilidade derradeira tanto por adoecer como por curar-se. E a convenção de tratar o câncer não como uma simples doença mas como um inimigo demoníaco fez do câncer não só uma doença letal mas uma doença vergonhosa.

A lepra, em seu auge, suscitou uma sensação de horror igualmente desproporcional. Na Idade Média, a lepra era um texto social em que a degradação se tornou visível; um exemplo, um emblema da decadência. Nada é mais punitivo do que dar um sentido à doença — invariavelmente, tal sentido é de cunho moralista. Qualquer doença importante cuja causalidade seja tenebrosa, e cujo tratamento seja ineficaz, tende a ser saturada de significação. Primeiro, os objetos do pavor mais profundo (decomposição, decadência, contaminação, anomia, fraqueza) identificam-se com a doença. A doença em si torna-se uma metáfora. Em seguida, em nome da doença (ou seja, usando-a como metáfora), esse horror é imposto a outras coisas. A doença torna-se adjetiva. Diz-se que algo parece a doença, indicando que é feio ou repugnante. Em francês, uma fachada de pedra corroída ainda é chamada de *lépreuse*.

Doenças epidêmicas eram uma figura de linguagem comum para designar a desordem social. Da palavra inglesa *pestilence* (peste bubônica) veio *pestilent*, cujo sentido figurado, segundo o

Oxford English Dictionary, é "ofensivo à religião, à moral ou à paz pública — 1513"; e *pestilential*, que significa "moralmente pernicioso ou deletério — 1531". Os sentimentos sobre o mal são projetados numa doença. E a doença (tão enriquecida de sentidos) é projetada sobre o mundo.

No passado, essas fantasias grandiloquentes foram, em regra, associadas a doenças epidêmicas, doenças que eram uma calamidade pública. Nos dois últimos séculos, as doenças usadas com mais frequência como metáforas para o mal foram a sífilis, a tuberculose e o câncer — todas elas imaginadas predominantemente como doenças de indivíduos.

Considerava-se a sífilis uma doença não só horrível mas também degradante, vulgar. Os antidemocratas usaram-na para evocar os ultrajes de uma era igualitária. Baudelaire, numa anotação para o seu livro, jamais concluído, sobre a Bélgica, escreveu:

> Temos todos o espírito republicano nas veias, como a sífilis em nossos ossos — somos democratizados e venerizados.

No sentido de uma infecção que degrada moralmente e debilita fisicamente, a sífilis tornou-se um tropo nas polêmicas antissemitas do fim do século XIX e início do século XX. Em 1933, Wilhelm Reich afirmou que "o medo irracional da sífilis era uma das principais fontes das ideias políticas do nacional-socialismo e do seu antissemitismo". Mas, embora ele tenha percebido que as fobias sexuais e políticas se projetavam em uma doença nas sinistras ladainhas sobre a sífilis presentes em *Mein Kampf*, jamais ocorreu a Reich indagar a que ponto a mesma coisa se projetava no seu próprio e constante uso do câncer como metáfora, para os doentes da era moderna. Com efeito, o câncer pode ser usado como metáfora de modo muito mais amplo do que a sífilis.

A sífilis como metáfora foi limitada porque a doença em si não era vista como misteriosa; apenas horrível. Uma descendência infectada (*Os fantasmas*, de Ibsen), os perigos do sexo (*Bubu de*

Montparnasse, de Charles-Louis Philippe, *Doutor Fausto*, de Thomas Mann) — havia horror de sobra na sífilis. Mas nenhum mistério. Sua causa estava bem clara e era entendida como singular. A sífilis era a mais cruel das dádivas, "transmitida" ou "transportada" por um mensageiro, às vezes desavisado, a um receptor desprevenido. Em contraste, a tuberculose era vista como enfermidade misteriosa e doença com uma infinidade de causas — assim como hoje, embora todos reconheçam que o câncer é um enigma não resolvido, admite-se também de forma geral que o câncer tem múltiplas causas. Uma variedade de fatores — como substâncias causadoras de câncer ("carcinógenos") no ambiente, constituição genética, redução das defesas imunológicas (decorrente de doença prévia ou trauma emocional), predisposição caracterológica — é vista como responsável pela doença. E muitas pesquisas asseguram que o câncer não é apenas uma doença e sim mais de cem doenças clinicamente distintas, que cada câncer tem de ser estudado em separado e que mais cedo ou mais tarde serão desenvolvidos vários tratamentos, um para cada câncer distinto.

A semelhança entre as ideias correntes a respeito das inúmeras causas do câncer e as ideias aceitas por longo tempo, mas hoje desacreditadas, a respeito da tuberculose sugere a possibilidade de que o câncer possa, afinal de contas, ser apenas uma doença e que, como no caso da tuberculose, possa ter um principal agente causador e possa ser controlado mediante um plano de tratamento. De fato, como observou Lewis Thomas, todas as doenças cuja causa foi estabelecida e que podem ser prevenidas e curadas provaram ter uma causa física simples — como o estreptococo para a pneumonia, o bacilo de Koch para a tuberculose, uma específica deficiência de vitamina para a pelagra — e não é nada improvável que mais cedo ou mais tarde algo semelhante venha a ser isolado para o câncer. A ideia de que uma doença pode ser explicada apenas por uma variedade de causas é exatamente a característica da reflexão acerca de doenças cuja causa *não* é compreendida. E as doenças tidas como determinadas por múltiplas causas (ou seja, doenças misteriosas) são aquelas com mais largas possibilidades de uso como metáforas para o que é visto como moral e socialmente errado.

A tuberculose e o câncer foram usados para expressar não só fantasias grosseiras sobre a contaminação (como a sífilis) mas também sentimentos bastante complexos sobre força e fraqueza, e sobre energia. Durante mais de um século e meio, a tuberculose forneceu um equivalente metafórico para a delicadeza, a sensibilidade, a tristeza, a impotência; ao passo que tudo o que parecia cruel, implacável, predatório podia ser comparado ao câncer. (Assim, Baudelaire em 1852, em seu ensaio "L'école païenne", observou: "Um ardor frenético pela arte é um câncer que devora o resto....".) A tuberculose era uma metáfora ambivalente, tanto um flagelo como um emblema de sofisticação. O câncer jamais foi visto senão como um flagelo; metaforicamente, era o bárbaro invasor.

Enquanto a sífilis era vista como uma doença contraída passivamente, uma desgraça de todo involuntária, a tuberculose foi no passado, como o câncer é hoje, vista como uma patologia da energia, uma doença da vontade. A preocupação com a energia e com o sentimento e os temores sobre os estragos que eles desencadeiam associaram-se a ambas as doenças. Contrair tuberculose era visto como o sinal de uma vitalidade deficiente, ou de uma vitalidade desperdiçada. "Havia uma grande carência de força vital [...] e uma grande debilidade constitutiva" — assim Dickens descreveu o pequeno Paul, em *Dombey and Son*. A noção vitoriana da tuberculose como uma doença de baixa energia (e de sensibilidade aumentada) tem seu complemento exato na noção reichiana do câncer como uma doença da energia não expressa (e de sentimentos anestesiados). Numa época em que parecia não haver inibições para as pessoas serem produtivas, elas se sentiam aflitas com a possibilidade de não terem energia bastante. Em nossa própria época de destrutiva superprodução econômica e de crescentes restrições burocráticas sobre o indivíduo, existe o medo de ter energia demais e também o temor de que a energia não possa ser expressa.

A exemplo da teoria dos "instintos" de Freud, que compreende uma economia da escassez, as fantasias sobre a tuberculose que vieram à tona no século XIX (e sobreviveram até o XX) ecoam as atitudes próprias do início da acumulação capitalista. A pessoa tem uma quantidade limitada de energia, que deve ser gasta de forma adequada. (Ter um orgasmo, na gíria inglesa do século XIX, não era *coming* mas sim *spending* [gastar].) A energia, como a poupança, pode ser consumida, exaurida ou esgotada, mediante despesas imprudentes. O corpo começará a "consumir-se", o paciente vai "definhar".

A linguagem empregada para descrever o câncer evoca uma catástrofe econômica distinta: a do crescimento descontrolado, anormal, incoerente. O tumor tem energia, não o paciente; "isso" está fora de controle. Células cancerosas, segundo a explicação do manual, são células que perderam o mecanismo que "impedia" o crescimento. (O crescimento de células normais é "autolimitado", devido a um mecanismo chamado "inibição de contato".) Células sem inibições, células cancerosas, continuarão a crescer e a inchar de forma "caótica", destruindo as células normais do corpo, a sua arquitetura e as suas funções.

O capitalismo inicial supõe a necessidade de gastos controlados, poupança, contabilidade, disciplina — uma economia que depende da limitação racional do desejo. A tuberculose é apresentada em imagens que sintetizam o comportamento negativo do *homo economicus* do século XIX: consumo; dispêndio; desperdício de vitalidade. O capitalismo avançado requer expansão, especulação, criação de necessidades novas (o problema da satisfação e da insatisfação); compra a crédito; mobilidade — uma economia que depende da satisfação irracional do desejo. O câncer é apresentado em imagens que sintetizam o comportamento negativo do *homo economicus* do século XX: crescimento anormal; repressão da energia, ou seja, recusa de consumir ou gastar.

Assim como a loucura, a tuberculose foi entendida como uma espécie de unilateralidade: um declínio da vontade ou uma hiperexcitação. Por mais que a doença tenha sido temida, a tuberculose sempre teve *páthos*. A exemplo do paciente de doença mental hoje em dia, o tuberculoso era considerado uma pessoa essencialmente vulnerável e cheia de caprichos autodestrutivos. Os médicos do século XIX e do início do século XX empenhavam-se, com lisonjas, em persuadir seus pacientes de tuberculose a voltar a ser saudáveis. Sua prescrição era a mesma que hoje recebem os pacientes de doença mental de seus médicos esclarecidos: ambientes alegres, isolamento do estresse e da família, dieta saudável, exercício, repouso.

A visão do câncer respalda ideias bem diversas de tratamento, confessadamente brutais. (Um gracejo comum em hospitais de câncer, dito com igual frequência por médicos e por pacientes: "O tratamento é pior do que a doença".) Nem se cogita em mimar o paciente. Já que o corpo do paciente é visto como se estivesse sob ataque ("invasão"), o único tratamento é o contra-ataque.

As metáforas recorrentes nas descrições do câncer são, na verdade, extraídas não da economia mas sim da linguagem da guerra: todo médico e todo paciente atento conhecem muito bem essa terminologia militar, mesmo que já estejam insensíveis a ela. Assim, as células cancerosas não se multiplicam, simplesmente; elas são "invasivas". ("Tumores malignos invadem, mesmo quando crescem muito devagar", como diz um manual.) As células cancerosas, partindo do tumor original, "colonizam" regiões remotas do corpo, primeiro fixando pequenos postos avançados ("micrometástases"), cuja presença é presumida, embora não possa ser detectada. Raramente as "defesas" do corpo são vigorosas o bastante para eliminar um tumor que estabeleceu seu próprio abastecimento de sangue e que consiste em bilhões de células destrutivas. Por mais "radical" que seja a intervenção cirúrgica, por mais "rastreamentos" que se façam na paisagem do corpo, a remissão na maioria das vezes é temporária; espera-se que a "invasão do tumor" continue ou que as células malfeitoras mais cedo ou mais tarde se reagrupem e organizem um novo ataque contra o organismo.

O tratamento tem também um tempero militar. A radioterapia emprega metáforas da guerra aérea; os pacientes são "bombardeados" com raios tóxicos. E a quimioterapia é a guerra química, que emprega venenos.[16] O tratamento visa "matar" as células cancerosas (sem matar o paciente, espera-se). Os efeitos colaterais indesejáveis do tratamento são expostos, na verdade até com exagero. ("O tormento da quimioterapia" é uma expressão corrente.) É impossível evitar danos ou deixar de destruir células sadias (de fato, certos métodos usados no tratamento do câncer podem causar câncer), mas acredita-se que quase qualquer dano ao corpo se justifica, se for para salvar a vida do paciente. Muitas vezes, é claro, não dá certo. (Como em: "Tivemos de destruir a aldeia de Ben Suc para salvá-la".) Nada importa menos do que o número de baixas.

A metáfora militar na medicina começou a ter largo emprego na década de 1880, com a identificação das bactérias como agentes das doenças. Dizia-se que a bactéria "invadia" ou "infiltrava-se". Mas, hoje em dia, com o câncer, falar em sítio e em guerra para descrever o processo da doença passou a ter um valor chocantemente literal e acurado. Não apenas se descreve assim o decurso clínico da doença e o seu tratamento médico como também a doença em si é considerada o inimigo contra o qual a sociedade trava uma guerra. Em época mais recente, a luta contra o câncer tomou o aspecto de uma guerra colonial — com apropriações igualmente vastas do dinheiro do governo — e, numa década em que as guerras coloniais não correram lá muito bem, essa retórica militarizada parece um tiro que sai pela culatra. O pessimismo entre os médicos a respeito da eficácia do tratamento é crescente, apesar dos sólidos progressos obtidos na quimioterapia e na imunoterapia desde 1970. Os repórteres que cobrem "a guerra contra o câncer" constantemente advertem o público de que se devem distinguir as ficções oficiais dos fatos concretos; alguns anos atrás, um escritor dedicado à área científica considerou "semelhantes ao otimismo relativo ao Vietnã, antes do dilúvio", as declarações da Associação Americana do Câncer segundo as quais o câncer é curável e progressos haviam sido obtidos. Porém, uma coisa é ser cético quanto à retórica em torno do câncer, outra é dar apoio a muitos médicos mal informados que insistem em dizer que não houve nenhum progresso relevante no tratamento e que o câncer não é de fato curável. Os chavões do sistema americano ligado ao câncer, que não cansam de saudar a iminente vitória sobre o câncer, e o pessimismo profissional de um grande número de especialistas em câncer, que falam como se fossem oficiais extenuados pelos combates e atolados numa interminável guerra colonial — trata-se de distorções gêmeas nessa retórica militar a respeito do câncer.

Outras distorções se seguem à amplificação das imagens do câncer em esquemas bélicos mais grandiosos. Assim como a tuberculose era representada como uma espiritualização da consciência, o câncer é entendido como um esmagamento ou uma anulação da consciência (por obra de algo destituído de razão). Na tuberculose, a pessoa devora a si mesma, é refinada, reduzida à sua essência, ao seu eu verdadeiro. No câncer, células sem inteligência ("primitivas", "embrionárias", "atávicas") multiplicam-se e a pessoa é substituída por algo que não é ela. Em inglês, os imunologistas classificam as células cancerosas do corpo como *nonself* [não-eu].

Vale lembrar que Reich, que fez mais do que qualquer outro para difundir a teoria psicológica do câncer, também encontrou na biosfera algo equivalente ao câncer.

> Existe uma energia orgônio mortífera. Está na atmosfera. Pode-se comprová-lo por meio de equipamentos como o contador Geiger. É um elemento pantanoso [...] Água estagnada, mortífera, que não flui, não metaboliza. O câncer também se deve à estagnação do fluxo da energia vital do organismo.

A linguagem de Reich tem a sua coerência própria e inimitável. E cada vez mais — à proporção que seus usos metafóricos ganham credibilidade —, o câncer é visto do modo como ele o pensava, uma doença cósmica, o emblema de todas as forças destrutivas e alienígenas de que o organismo é hospedeiro.

Assim como a tuberculose era a doença da pessoa enferma, o câncer é a doença do Outro. O câncer atua segundo um roteiro de ficção científica: uma invasão de células "alienígenas" ou "mutantes", células mais fortes do que o normal (*Invasores de corpos*, *O incrível homem que encolheu*, *A bolha*, *A coisa*). Um tema rotineiro na ficção científica é a mutação: mutantes que chegam do espaço ou mutações acidentais ocorridas entre seres humanos. O câncer pode ser classificado como uma mutação vitoriosa, e a mutação é hoje, sobretudo, uma imagem do câncer. Como teoria da gênese psicológica do câncer, a imagem reichiana da energia refreada, que não se permite vir para fora e depois se volta contra si mesma, levando as células à loucura, já é matéria de ficção científica. E a imagem de Reich da morte no ar — uma energia mortífera registrada por um contador Geiger — sugere a que ponto as imagens de ficção científica sobre o câncer (uma doença oriunda de raios mortíferos e que é tratada com raios mortíferos) fazem eco ao pesadelo coletivo. O temor original da exposição à radiação atômica era surgirem deformidades genéticas na geração seguinte; isso cedeu lugar a um outro temor, à medida que as estatísticas passaram a mostrar taxas de câncer muito mais elevadas entre os sobreviventes de Hiroshima e Nagasaki e seus descendentes.

O câncer é uma metáfora para o que é mais ferozmente vigoroso; e tais energias constituem o insulto supremo à ordem natural. Num conto de ficção científica de Tommaso Landolfi, a nave espacial é chamada de "Rainha do Câncer". (Dificilmente o raio de alcance da metáfora da tuberculose permitiria que um escritor imaginasse uma nave desbravadora chamada "Rainha da Tuberculose".) Quando não é justificado como algo psicológico, oculto nos recessos do eu, o câncer é ampliado e projetado numa metáfora do maior inimigo que existe, o alvo mais remoto. Assim, o compromisso formulado por Nixon para fazer frente à promessa de Kennedy de pôr os americanos na Lua foi, de modo muito oportuno, a de "vencer" o câncer. Ambas eram aventuras de ficção científica. O equivalente da legislação que instituiu o programa espacial foi a Lei Nacional do Câncer de 1971, que não contemplava decisões capazes de pôr sob controle a economia industrial que polui — apenas a meta suprema: a cura.

A tuberculose era uma doença a serviço da visão romântica do mundo. O câncer, hoje, está a serviço de uma visão simplista do mundo, que pode tornar-se paranoica. A doença é muitas vezes experimentada como uma forma de possessão demoníaca — tumores são "malignos" ou "benignos", como os poderes —, e muitos pacientes de câncer aterrorizados se mostram dispostos a procurar curas por via da fé e a ser exorcizados. O principal apoio organizado a panaceias perigosas como o Laetrile provém de grupos de extrema direita cuja política paranoica recebe um reforço útil da fantasia de uma cura milagrosa do câncer, assim como da crença nos óvnis. (A John Birch Society distribuiu um filme de 45 minutos chamado *World Without Cancer*.) Para os mais sofisticados, o câncer significa a revolta da ecosfera agredida. A natureza se vinga de um mundo tecnocrático e cruel. Falsas esperanças e terrores simplificados são suscitados por meio de estatísticas grosseiras brandidas para o público em geral, como as que indicam que 90% de todos os cânceres têm "causas ambientais", ou que uma dieta imprudente ou o tabaco sozinhos são responsáveis por 75% de "todas as mortes por câncer". Na esteira desse jogo de números (é difícil enxergar como qualquer estatística sobre "todos os cânceres" ou "todas as mortes por câncer" pode ser justificada), cigarros, tintas de cabelo, toucinho, sacarina, galinhas com hormônio, pesticidas, carvão com baixo teor de enxofre — uma lista cada vez maior de produtos que tomávamos por inócuos tem sido apontada como causa de câncer. Raios X dão câncer (o tratamento destinado a curar mata); assim também as emanações do televisor, do forno micro-ondas, do mostrador do relógio fluorescente. Como ocorre na sífilis, um ato — ou uma exposição — inocente ou banal no presente pode ter consequências aterradoras no futuro distante. Sabe-se também que as taxas de câncer são elevadas entre trabalhadores de grande número de setores industriais.

Embora o processo exato da causa da doença subjacente à estatística permaneça desconhecido, parece claro que muitos cânceres são passíveis de prevenção. Mas o câncer não é só uma doença introduzida pela Revolução Industrial (havia câncer na Arcádia) e sem dúvida é mais do que um pecado do capitalismo (no âmbito de suas limitadas capacidades industriais, os russos poluem mais do que nós). A opinião corrente e amplamente aceita do câncer como uma doença da civilização industrial não tem mais fundamento científico do que a fantasia direitista de um "mundo sem câncer" (como um mundo sem subversivos). As duas coisas repousam no sentimento equivocado de que o câncer é uma doença tipicamente "moderna".

A experiência medieval da peste estava estreitamente ligada a ideias de contaminação moral, e as pessoas sempre procuravam um bode expiatório externo à comunidade afetada. (Massacres de judeus em proporções até então nunca vistas ocorreram em toda a Europa em 1347 e 1348; em seguida pararam, tão logo a peste recuou.) No caso das doenças modernas, não é tão fácil separar o bode expiatório do paciente. Porém, por mais que individualizem, essas doenças também recuperam algumas metáforas de doenças epidêmicas. (Doenças entendidas como meramente epidêmicas tornaram-se menos úteis enquanto metáforas, como se comprovou com a amnésia histórica quase total acerca da pandemia de gripe em 1918-9, na qual morreram mais pessoas do que em toda a Primeira Guerra Mundial.) Hoje em dia, dizer que o câncer tem causas "ambientais" é um chavão tão comum quanto era — e ainda é — dizer que suas causas estavam nas emoções mal administradas. A tuberculose foi associada à poluição (Florence Nightingale pensava que a doença era "ocasionada pelo ar malsão das casas"), e hoje o câncer é visto como uma doença de contaminação do mundo inteiro. A tuberculose era "a peste branca". Com a consciência da poluição ambiental, as pessoas passaram a dizer que há uma "epidemia" ou uma "peste" de câncer.

9

As ENFERMIDADES SEMPRE FORAM usadas como metáforas com o intuito de reforçar as acusações de que uma sociedade era corrupta ou injusta. Metáforas de doenças tradicionais constituem, acima de tudo, um modo de ser veemente; em comparação com as metáforas modernas, elas são relativamente vazias de conteúdo. Shakespeare faz muitas variações em torno de uma forma usual de metáfora, uma infecção do "corpo político" — sem distinguir um contágio, uma infecção, uma chaga, um abscesso, uma úlcera e o que poderíamos chamar de um tumor. Com fins de insulto, as doenças são apenas de dois tipos: as dolorosas mas curáveis, e as possivelmente fatais. Doenças específicas são exemplos de doenças em geral; nenhuma doença tem sua lógica própria e característica. A imagem da doença é usada para exprimir a preocupação com a ordem social, e a saúde é algo que se supõe que todos saibam o que é. Tais metáforas não projetam a ideia moderna de uma doença dominante específica, na qual o que está em questão é a saúde em si.

As doenças dominantes como a tuberculose e o câncer são mais especificamente polêmicas. São usadas para propor padrões novos e críticos de saúde individual e para exprimir um sentido de insatisfação com a sociedade em si. À diferença das metáforas elisabetanas — que deploram alguma aberração geral ou uma calamidade pública que está, em consequência, se transferindo para os indivíduos —, as metáforas modernas sugerem um profundo desequilíbrio entre o indivíduo e a sociedade, no qual a sociedade é concebida como o adversário do indivíduo. Metáforas de doença são usadas para julgar a sociedade não como desequilibrada, mas como repressiva. Elas afloram com regularidade na retórica romântica, que opõe o coração à cabeça, a espontaneidade à razão, a natureza ao artifício, o campo à cidade.

Quando, no início do século XIX, se inventou que viajar para um clima melhor era um tratamento para a tuberculose, propuseram-se os destinos mais contraditórios. O Sul, as montanhas, os desertos, as ilhas — a mera diversidade sugere o que eles têm em comum: a rejeição da cidade. Em *La traviata*, assim que conquista o amor de Violetta, Alfredo a transfere da insalubre e depravada Paris para o campo salutar: a saúde chega num instante. E o fato de Violetta desistir da felicidade equivale ao seu gesto de deixar o campo e voltar para a cidade — onde seu destino está selado, sua tuberculose retorna e ela morre.

A metáfora do câncer amplia o tema da rejeição da cidade. Antes de ser compreendida literalmente como um ambiente causador de câncer (carcinógeno), a cidade era vista, em si mesma, como um câncer — um lugar de crescimento anormal, antinatural, e de paixões devastadoras, extravagantes e invencíveis. Em *The Living City* (1958), Frank Lloyd Wright comparou a cidade dos tempos antigos, um organismo saudável ("A cidade antigamente não era maligna") com a cidade moderna. "Olhar para o corte transversal da planta de qualquer cidade grande é o mesmo que olhar para o corte de um tumor fibroso."[17]

Ao longo de todo o século XIX, as metáforas de doença tornaram-se mais virulentas, absurdas, demagógicas. E há uma tendência crescente a chamar de doença qualquer situação que se desaprove. A doença, que poderia ser considerada uma parte da natureza, assim como a saúde, tornou-se o sinônimo de tudo o que era "antinatural". Em *Les misérables*, Hugo escreveu:

> O monasticismo, tal como existia na Espanha e existe no Tibete, é para a civilização uma espécie de tuberculose. Ele suprime a vida. Pura e simplesmente, despovoa. Isolamento, castração. Foi um flagelo na Europa.

Bichat, em 1800, definiu a vida como "um conjunto de funções que se opõem à morte". Esse contraste entre vida e morte iria

tica): assim como a prudência é necessária para controlar doenças sérias, a previdência é necessária para controlar crises sociais. É uma metáfora sobre a previdência e um apelo à previdência.

Na grande tradição da filosofia política, a analogia entre doença e desordem civil é proposta a fim de estimular os dirigentes a pôr em prática uma política racional. "Embora nada possa ser imortal, quando feito por mortais", escreveu Hobbes,

> se os homens, não obstante, fizessem uso da razão que alegam possuir, suas Comunidades de Nações poderiam estar a salvo, pelo menos, de perecer devido a doenças internas [...] Portanto, quando elas se dissolvem, não por obra de violência externa mas sim de desordem intestina, o erro não está nos homens enquanto *Matéria*; mas enquanto *Construtores* e mandatários das comunidades.

O ponto de vista de Hobbes nada tem de fatalista. Os dirigentes têm a responsabilidade e a capacidade (mediante a razão) de controlar a desordem. Para Hobbes, o assassinato ("violência externa") é a única maneira "natural" de uma sociedade ou instituição morrer. Perecer devido à desordem interna — em analogia com uma doença — é suicídio, algo que se pode perfeitamente prevenir: um ato da vontade, ou melhor, um fracasso da vontade (ou seja, da razão).

A metáfora de doença foi usada na filosofia política para reforçar o apelo por uma reação racional. Maquiavel e Hobbes recorreram a um aspecto da sabedoria médica, a importância de interromper uma doença grave no início, enquanto é relativamente fácil de ser controlada. A metáfora de doença podia também ser usada para estimular os governantes a outro tipo de previdência. Em 1708, Lorde Shaftesbury escreveu:

> Há certos humores na humanidade que, por força, cumpre serem trazidos a lume. A mente e o corpo humanos são ambos naturalmente sujeitos a comoções [...] assim como há no sangue fermentos estranhos que, em muitos corpos, oca-

sionam descargas extraordinárias [...] Caso os médicos se empenhassem de forma absoluta em mitigar aqueles fermentos do corpo e em atacar os humores que se revelam em tais erupções, poderiam, em lugar de trazer a cura, propiciar talvez o surgimento de uma peste, e transformar uma sezão de primavera ou um achaque de outono em uma febre maligna epidêmica. Eles são, decerto, como maus médicos no corpo político que forçosamente recalcam essas erupções mentais e, sob o pretexto especioso de curar esse prurido de superstição e salvar almas do contágio do entusiasmo, acabam por deixar a natureza inteira em polvorosa e transformar uns poucos carbúnculos inocentes numa inflamação e numa gangrena mortal.

A tese de Shaftesbury sustenta que é racional tolerar certa quantidade de irracionalidade ("superstição", "entusiasmo"), e que tais medidas severas e repressivas podem agravar a desordem em vez de curá-la, transformando uma bobagem numa desgraça. O corpo político não devia ser medicado em excesso; não se devia dar um remédio para toda e qualquer desordem.

Para Maquiavel, a previdência; para Hobbes, a razão; para Shaftesbury, a tolerância — essas são ideias de como a política correta, concebida em termos de uma analogia médica, podem prevenir uma desordem fatal. Presume-se que a sociedade esteja em bom estado de saúde; a doença (desordem) é, em princípio, administrável.

No período moderno, o emprego da imagem da doença na retórica política implica outros pressupostos menos lenientes. A ideia moderna de revolução, que tem por base uma avaliação da situação política efetiva como irremediavelmente desoladora, fez em pedaços o emprego antigo e otimista das metáforas de doença. John Adams escreveu em seu diário, em dezembro de 1772:

culose — a diferença entre o sanatório (ou seja, o exílio) e a cirurgia (ou seja, os crematórios). Os judeus também foram identificados com a vida urbana e tornaram-se uma metáfora para ela — a retórica nazista fazia eco a todos os clichês românticos sobre as cidades como um ambiente insalubre e debilitante, puramente cerebral e com a moral contaminada.

Apresentar um fenômeno como se fosse um câncer representa uma incitação à violência. O uso do câncer no discurso político estimula o fatalismo e justifica "medidas" severas — bem como reforça com veemência a noção de que a doença é necessariamente fatal. Embora as metáforas de doença jamais sejam inocentes, seria possível afirmar que a metáfora do câncer é um caso pior: implicitamente genocida. Nenhum ponto de vista político específico tem o monopólio dessa metáfora. Trótski chamava o stalinismo de o câncer do marxismo; na China, no ano passado, o Bando dos Quatro tornou-se, entre outras coisas, "o câncer da China". John Dean assim explicou Watergate para Nixon: "Temos um câncer interno, perto da presidência, e está crescendo". A metáfora recorrente nas polêmicas dos árabes — ouvida por israelenses no rádio todos os dias, ao longo dos últimos vinte anos — é que Israel é um "câncer no coração do mundo árabe" ou "o câncer do Oriente Médio", e um oficial que, junto com as forças direitistas libanesas, participava do sítio ao campo de refugiados palestinos de Tal Zaatar, em agosto de 1976, chamou o campo de "um câncer no corpo do Líbano". Para quem deseja suscitar a indignação, parece difícil resistir à metáfora do câncer. Assim, Neal Ascherson escreveu em 1969 que o Caso Slansky "era — é — um enorme câncer no corpo da nação e do Estado da Tchecoslováquia"; Simon Leys, em *Sombras chinesas* (*Chinese Shadows*), fala do "câncer maoísta que está corroendo a face da China"; D. H. Lawrence chamou a masturbação de "o mais profundo e perigoso câncer da nossa civilização"; e eu certa vez escrevi, no calor do desespero com a guerra dos Estados Unidos contra o Vietnã, que "a raça branca é o câncer da história humana".

Mas como ser moralmente severo no fim do século XX? Como, quando há tantas coisas dignas de severidade; como, quando temos um sentido do mal mas não temos mais a linguagem filosófica ou religiosa para falar de forma inteligente sobre o mal? No esforço de compreender o mal "radical" ou "absoluto", procuramos metáforas adequadas. Mas as modernas metáforas de doença são todas indelicadas. As pessoas que sofrem da doença real em nada se beneficiam ao ouvir o nome da sua doença constantemente mencionado como a síntese do mal. Só no sentido mais restrito um fato ou um problema histórico assemelha-se a uma doença. E a metáfora do câncer é particularmente grosseira. Sempre representa um estímulo a simplificar algo complexo e um convite ao farisaísmo, quando não ao fanatismo.

É instrutivo comparar a imagem do câncer com a da gangrena. Com algumas das propriedades metafóricas do câncer — começa do nada; se espalha; é repugnante —, a gangrena parece repleta de tudo o que um polemista pode desejar. De fato, foi usada em uma importante polêmica moral — contra o emprego da tortura pelos franceses na Argélia, na década de 1950; o título do célebre livro que denunciava a tortura era *La gangrène*. Mas existe uma grande diferença entre as metáforas do câncer e as da gangrena. Primeiro, a causalidade é clara no caso da gangrena. É externa (a gangrena pode desenvolver-se a partir de um arranhão); o câncer é entendido como misterioso, uma doença de causas múltiplas, internas e externas. Segundo, a gangrena não é uma calamidade tão abrangente. Acarreta, muitas vezes, a amputação e, mais raramente, a morte; enquanto o câncer, na maioria dos casos, consoante a crença geral, leva à morte. Não a gangrena — nem a peste (apesar das célebres tentativas de escritores tão diversos como Artaud, Reich e Camus para impor a peste como metáfora para o desolador e o calamitoso) — mas sim o câncer permanece como a mais radical entre as metáforas de doença. E, justo por ser tão radical, mostra-se particularmente tendenciosa — uma boa metáfora para paranoicos, para aqueles que precisam transformar campanhas em cruzadas, para os fatalistas (câncer = morte) e para aqueles sob o sortilégio de um otimismo revolucionário anti-histórico (a

AIDS E SUAS METÁFORAS

Relendo agora *A doença como metáfora*, pensei:

1

POR "METÁFORA" eu tinha em mente nada mais, nada menos do que a definição mais antiga e mais sucinta que conheço, que é a de Aristóteles, em sua *Poética* (1457b). "A metáfora", escreveu Aristóteles, "consiste em dar a uma coisa o nome de outra." Dizer que uma coisa é ou parece outra que não ela mesma é uma operação mental tão antiga quanto a filosofia e a poesia, e é a origem da maioria dos tipos de saber — inclusive o científico — e de expressividade. (Foi em reconhecimento a esse fato que prefaciei a polêmica contra a utilização da doença como metáfora, escrita dez anos atrás com um breve e intenso floreio de retórica, como que para exorcizar o poder sedutor do pensamento metafórico.) Sem dúvida, é impossível pensar sem metáforas. Mas isso não impede que haja algumas metáforas que seria bom evitar, ou tentar retirar de circulação. Do mesmo modo, não há dúvida de que pensar é sempre interpretar. O que não impede que às vezes devamos ser "contra" a interpretação.

Pensemos, por exemplo, numa metáfora insistente que vem influenciando boa parte da política do século xx (bem como dificultando sua compreensão): a que distribui — e polariza — as atitudes e os movimentos sociais conforme sua relação com uma "esquerda" e uma "direita". A origem desses termos é geralmente situada na Revolução Francesa, quando, em 1789, na Assembleia Nacional, os republicanos e radicais sentavam-se à esquerda do presidente, enquanto os monarquistas e conservadores ficavam à direita. Mas a memória histórica não é suficiente para explicar a surpreendente longevidade dessa metáfora. O mais provável é que sua presença persistente no discurso político se deva ao fato de que a imaginação secular moderna considera as metáforas referentes à orientação espacial do cor-

empreendimento demorado e constante; mas num minuto um canhão tudo ataca, tudo derrota, tudo derruba; uma doença que toda a nossa diligência não pôde prevenir, e toda a nossa curiosidade não pôde antever [...].

Algumas partes são mais frágeis que outras: Donne afirma que o cérebro e o fígado podem resistir ao assédio de uma febre "desnatural" ou "rebelde" que seria capaz de "fazer explodir o coração, como uma mina, em um minuto". Nas imagens de Donne, é a doença que invade. Pode-se dizer que o pensamento médico moderno tem início quando a metáfora militar generalizada torna-se específica, o que só se torna possível com o advento de um novo tipo de investigação, representado pela patologia celular de Virchow, e uma compreensão mais precisa do fato de que as doenças são causadas por organismos específicos, identificáveis e visíveis (ao microscópio). Foi somente quando se passou a ver como invasor não a doença, mas o microrganismo que a causa, que a medicina começou a ser realmente eficaz, e as metáforas militares ganharam nova credibilidade e nova precisão. A partir daí, as metáforas militares vêm cada vez mais se inserindo em todos os aspectos da descrição da situação médica. A doença é encarada como invasão de organismos alienígenas, aos quais o organismo reage com suas próprias operações militares, tais como a mobilização de "defesas" imunológicas, e a medicina passa a ser "agressiva", como na linguagem da maioria das quimioterapias.

A metáfora mais generalizada sobrevive nas campanhas de saúde pública, que rotineiramente apresentam a doença como algo que invade a sociedade, e as tentativas de reduzir a mortalidade causada por uma determinada doença são chamadas de lutas e guerras. As metáforas militares ganharam destaque no início do século XX, nas campanhas de esclarecimento a respeito da sífilis realizadas durante a Primeira Guerra Mundial, e nas campanhas contra a tuberculose do pós-guerra. Um exemplo, extraído da campanha italiana contra a tuberculose dos anos 20, é o cartaz intitulado *Guerre alle Mosche* [Guerra às moscas], que mostra os efeitos letais das doenças transmitidas pela mosca. Os insetos aparecem como aviões inimigos soltando bombas de morte sobre uma população inocente. As bombas trazem inscrições. Uma delas é rotulada *Microbi*, micróbios; a outra, *Germi della tisi*, germes da tuberculose; a outra, simplesmente *Malattia*, doença. Um esqueleto de capa e capuz negros aparece no primeiro avião, como passageiro ou piloto. Em outro cartaz, "Com estas armas conquistaremos a tuberculose", a figura da morte aparece presa à parede por espadas desembainhadas, cada uma das quais tem uma inscrição referente a uma medida contra a doença. Numa das lâminas lê-se "limpeza"; na outra, "sol"; nas outras, "ar", "repouso", "boa alimentação", "higiene". (Evidentemente, nenhuma dessas armas era realmente importante. O que conquista — ou seja, cura — a tuberculose são os antibióticos, que só foram descobertos cerca de vinte anos depois, na década de 1940.)

Enquanto antes era o médico que empreendia a *bellum contra morbum*, a guerra à doença, agora é toda a sociedade que o faz. De fato, a utilização da guerra como oportunidade para a mobilização ideológica em massa faz da ideia de guerra uma metáfora adequada para designar qualquer campanha cujo objetivo seja apresentado como a derrota de um "inimigo": já tivemos uma guerra à pobreza, agora substituída pela "guerra às drogas", bem como guerras dirigidas a doenças específicas, como o câncer. O abuso da metáfora militar talvez seja inevitável numa sociedade capitalista, uma sociedade que cada vez mais restringe o alcance e a credibilidade do apelo aos princípios éticos, que acha absurdo o indivíduo não sujeitar suas ações ao cálculo do interesse próprio e do lucro. A guerra é uma das poucas atividades que não devem ser encaradas de modo "realista", ou seja, levando-se em conta os gastos e os resultados práticos. Numa guerra total, os gastos são exagerados, imprudentes — pois a guerra é definida como uma emergência na qual nenhum sacrifício é considerado excessivo. Mas as guerras contra doenças não são apenas apelos por mais empenho e mais gastos na área da pesquisa. A metáfora dá forma à visão de uma doença particularmente temida como um "outro" alienígena, tal como o inimigo

tra a interpretação", dessa vez ao mundo real. Ao corpo. Meu objetivo era, acima de tudo, de caráter prático. Pois eu constatara muitas e muitas vezes o triste fato de que as roupagens metafóricas que deformam a experiência do paciente de câncer têm consequências bem reais: elas o inibem, impedindo-o de procurar tratamento bem cedo e de se esforçar mais no sentido de receber um tratamento competente. Eu estava convencida de que as metáforas e os mitos podiam matar. (Por exemplo, fazem com que as pessoas tenham um medo irracional de métodos eficientes, como a quimioterapia, e estimulam a crença em tratamentos absolutamente inúteis, como as dietas e a psicoterapia.) Eu queria oferecer, aos outros doentes e aos seus, um instrumento para dissolver essas metáforas, essas inibições. Tinha esperanças de conseguir convencer pessoas apavoradas, que estavam doentes, a consultar médicos, ou trocar seus médicos incompetentes por médicos competentes, que lhes dessem um tratamento adequado — a encarar o câncer apenas como doença, uma doença muito grave, mas apenas uma doença. Não como uma maldição, um castigo, uma vergonha. Algo que não tem "significado". E não necessariamente uma condenação à morte (uma das mistificações é câncer = morte). *A doença como metáfora* não é apenas uma obra polêmica, mas também uma exortação. O que eu estava dizendo era: faça com que os médicos lhe digam a verdade; procure um bom tratamento, porque bons tratamentos existem (em meio a muita incompetência). Embora não se conheça um tratamento geral que cure qualquer tipo de câncer, mais da metade dos casos podem ser curados pelos métodos existentes.

Nos dez anos que se passaram desde que escrevi *A doença como metáfora* — e me curei, apesar do pessimismo de meus médicos —, as atitudes referentes ao câncer evoluíram. Sofrer de câncer não é mais tão estigmatizante, não gera mais necessariamente uma "identidade deteriorada" (para usar uma expressão de Erving Goffman). A palavra "câncer" provoca menos constrangimento, e nos obituários não é mais tão comum dizer-se que fulano morreu "depois de uma doença prolongada". Embora na Europa e no Japão os médicos ainda deem o diagnóstico de câncer primeiro à família, muitas vezes recomendando que o paciente não seja avisado, os médicos americanos praticamente abandonaram essa política; o mais comum agora é comunicar o fato, de modo brutal, ao paciente. Essa franqueza a respeito do câncer decorre de uma nova atitude de franqueza (ou falta de decoro) obrigatória, que faz com que diagramas de doenças retointestinais ou geniturinárias de nossos governantes sejam exibidos na televisão e nas primeiras páginas dos jornais — cada vez mais, nossa sociedade considera uma virtude falar justamente daquilo que se considera que *não* deve ser mencionado. A mudança explica-se também pelo medo de ser processado, uma preocupação constante dos médicos em nossa sociedade litigiosa. E há mais uma razão bem importante para o fato de o câncer agora ser encarado com menos pavor, e certamente com mais abertura, do que dez anos atrás: o câncer já não é a doença mais temida de todas. Em anos recentes, o câncer perdeu parte de seu estigma devido ao surgimento de uma doença cuja capacidade de estigmatizar, de gerar identidades deterioradas, é muito maior. Toda sociedade, ao que parece, precisa identificar uma determinada doença com o próprio mal, uma doença que torne culpadas as suas "vítimas"; porém é difícil obcecar-se por mais de uma.

Em seguida, o invasor se fixa em caráter permanente, através de um processo muito comum na ficção científica: as células do próprio organismo invadido *se transformam* em invasoras. Com a ajuda de uma enzima que ele traz consigo,

> o vírus da AIDS, já sem invólucro, converte seu ARN em [...] ADN, a molécula fundamental da vida. Então a molécula penetra o núcleo da célula, introduz-se num cromossomo e assume o controle de parte do mecanismo celular, utilizando-o para produzir mais vírus da AIDS. Por fim, o excesso de material estranho faz com que a célula inche e morra, liberando uma quantidade de vírus novos para atacar outras células [...].

Enquanto os vírus atacam outras células, prossegue a metáfora, "um exército de doenças oportunistas, normalmente contidas pelo sistema imunológico sadio, ataca o organismo", cuja integridade e cujo vigor foram abalados pela multiplicação de "material estranho" que ocorre com a queda das defesas imunológicas. "Gradualmente enfraquecida pelo ataque, a vítima da AIDS morre, às vezes meses depois, porém, quase sempre, no máximo alguns anos após o surgimento dos primeiros sintomas." Os que ainda não sucumbiram ficam "sob fogo cerrado, exibindo os sintomas reveladores da doença", enquanto milhões de outros indivíduos "trazem em si o vírus, estando ameaçados de sofrer um ataque final e definitivo a qualquer momento".

O câncer faz as células proliferarem; a AIDS as mata. Embora esse modelo original da AIDS (o inverso do modelo da leucemia) tenha sido alterado, os relatos referentes à atuação do vírus ainda repetem a imagem da doença infiltrando a sociedade. "Vírus da AIDS se esconde na célula e não é detectado por exames normais" — manchete recente, na primeira página do *New York Times*. A matéria anunciava a descoberta de que o vírus pode permanecer "escondido" durante anos nos macrófagos — perturbando sua função de combate às doenças sem matá-los, "mesmo quando o macrófago está cheio de vírus quase a ponto de estourar", e sem produzir anticorpos, as substâncias químicas que o organismo fabrica em reação aos "agentes invasores", e cuja presença era considerada um indício infalível da síndrome.[1] O fato de o vírus não ser letal para *todas* as células em que se instala, conforme se supõe atualmente, tem o efeito de acentuar ainda mais a imagem de astúcia e invencibilidade do inimigo.

O mais terrível dessa invasão de vírus é que a contaminação e, portanto, a vulnerabilidade são concebidas como estados permanentes. Mesmo se uma pessoa infectada jamais manifestasse qualquer sintoma — isto é, se a infecção permanecesse inativa, ou se a intervenção médica pudesse torná-la inativa —, o vírus inimigo permaneceria para sempre instalado no organismo. Acredita-se que é só uma questão de tempo para que alguma coisa o desperte, desencadeando o processo, e logo os "sintomas reveladores" apareçam. Como a sífilis, que há muito tempo é chamada pelos médicos de "a grande dissimulada", a AIDS é um constructo clínico, uma inferência. Sua identidade decorre da presença de *alguns* sintomas dentre um amplo quadro sintomático que cresce cada vez mais (ninguém manifesta todos os sintomas possíveis da AIDS), sintomas que "significam" que o que o paciente tem é essa doença. A construção da doença baseia-se na invenção não apenas da AIDS como entidade clínica, mas também na de uma espécie de miniAIDS, denominada "complexo relacionado à AIDS" (ARC), atribuída aos indivíduos que manifestam sintomas "precoces" ou, em muitos casos, intermitentes de deficiência imunológica, tais como febre, perda de peso, infecções fúngicas e inchamento dos gânglios linfáticos. A AIDS é progressiva, uma doença do tempo. Uma vez atingida certa densidade de sintomas, a evolução da doença pode ser rápida, causando sofrimentos atrozes. Além das doenças iniciais mais comuns (algumas anteriormente consideradas raras, pelo menos enquanto doenças fatais, como um tipo de câncer na pele e um tipo de pneumonia), há toda uma variedade de sintomas que incapacitam, desfiguram e humilham o paciente, tornando-o cada vez mais fraco, indefeso e incapaz de controlar suas funções e atender a suas próprias necessidades básicas.

ximidade da morte —, a doença do protagonista jamais é especificada; portanto, *só pode ser* câncer. Há muitas gerações que a ideia genérica de morte vem associada ao câncer, e a morte causada pelo câncer é vivenciada como uma derrota genérica. Agora a doença que representa uma censura genérica à vida e à esperança é a AIDS.

3

DEVIDO AOS INCONTÁVEIS FLOREIOS metafóricos que transformaram o câncer em sinônimo do mal, a experiência de ter câncer é vivenciada por muitos como algo vergonhoso, e que portanto deve ser escondido, e também como uma injustiça, uma traição do próprio corpo. Por que eu?, exclama o canceroso, com amargor. No caso da AIDS, a vergonha está associada à atribuição de culpa, e o escândalo nada tem de obscuro. Poucos exclamam "por que eu?". Fora da África central e meridional, a maioria das pessoas que sofrem de AIDS sabe (ou pensa que sabe) de que modo contraíram a doença. Não se trata de uma doença misteriosa que escolhe suas vítimas de modo aparentemente aleatório. De fato, contrair AIDS equivale precisamente a descobrir — ao menos na maioria dos casos até agora — que se faz parte de um determinado "grupo de risco", uma comunidade de párias. A doença expõe uma identidade que poderia ter permanecido oculta dos vizinhos, colegas de trabalho, familiares e amigos. Ao mesmo tempo, confirma uma identidade, e, no grupo de risco mais atingido nos Estados Unidos num primeiro momento, o dos homossexuais masculinos, chegou a dar origem a uma comunidade, bem como a uma experiência que isola e expõe os doentes a discriminações e perseguições.

Também o canceroso é às vezes considerado culpado de ter hábitos "perigosos" — o alcoólatra com câncer do esôfago, o fumante com câncer pulmonar: é um castigo por ter levado uma vida pouco saudável. (Ao contrário daqueles que são obrigados a realizar atividades perigosas no trabalho, como o trabalhador da indústria petroquímica que contrai câncer na bexiga.) Cada vez mais, procura-se estabelecer ligações entre órgãos vitais, ou aparelhos, e práticas específicas que as pessoas são aconselhadas a abandonar; exemplo disso é a hipótese recentemente proposta que associa o câncer do cólon e da mama a dietas ricas em gorduras animais. No entanto, os hábitos perigosos associados ao câncer e a outras doenças — até mesmo as doenças do coração, até recentemente livres de associações com a ideia de culpa, agora são consideradas, por muitos, o preço que se paga por cometer excessos na dieta e no "estilo de vida" — decorrem do fato de que falta ao indivíduo força de vontade ou prudência, ou de que ele é viciado em substâncias químicas legais (embora muito perigosas). O comportamento perigoso que produz a AIDS é encarado como algo mais do que fraqueza. É irresponsabilidade, delinquência — o doente é viciado em substâncias ilegais, ou sua sexualidade é considerada divergente.

A transmissão sexual da doença, encarada pela maioria das pessoas como uma calamidade da qual a própria vítima é culpada, é mais censurada do que a de outras — particularmente porque a AIDS é vista como uma doença causada não apenas pelos excessos sexuais, mas também pela perversão sexual. (Refiro-me, é claro, aos Estados Unidos, onde atualmente se afirma que a transmissão heterossexual da doença é extremamente rara e improvável — como se a África não existisse.) Uma doença infecciosa cuja principal forma de transmissão é sexual necessariamente expõe mais ao perigo aqueles que são sexualmente mais ativos — e torna-se fácil encará-la como um castigo dirigido àquela atividade. Isso se aplica à sífilis, e mais ainda à AIDS, pois não apenas a promiscuidade é considerada perigosa, mas também uma determinada "prática" sexual tida como antinatural. Contrair a doença através da prática sexual parece depender mais da vontade, e portanto implica mais culpabilidade. Os viciados que contraem a doença ao compartilhar agulhas contaminadas são encarados como pessoas que cometem (ou completam) uma espécie de suicídio inadvertido. Os homossexuais promíscuos que levavam às últimas consequências os seus hábitos sexuais, com a convicção ilusória — promovida pela ideologia da medicina, com seus antibióticos que curam tudo — de que todas as doenças sexualmente transmissíveis são relativamente inócuas, podiam ser encarados como hedonistas radicais, ainda que agora esteja claro que seu comportamento era igualmente suicida. Aqueles que, por mais que se amplie o conceito de culpa, não podem ser considerados responsáveis por sua doença — por exemplo, os hemofílicos e pacientes que receberam transfusões de sangue — são por vezes tão discriminados quanto os outros, por pessoas amedrontadas, e potencialmente representam uma ameaça ainda maior, pois, ao contrário dos que já estão estigmatizados, são mais difíceis de ser identificados.

As doenças infecciosas associadas à culpa sexual sempre dão origem ao medo do contágio fácil e a fantasias absurdas sobre a transmissão por meios não venéreos em lugares públicos. Quando foi "descoberto" que a sífilis podia se transmitir através de meios "inocentes", nas primeiras décadas do século XX, foram removidas, nos Estados Unidos, todas as maçanetas dos navios da marinha de guerra, e instaladas portas de vaivém, e desapareceram as canecas de metal que eram afixadas aos bebedouros públicos. E se várias gerações de crianças de classe média aprenderam a sempre forrar com papel os assentos das privadas nos banheiros públicos, isso é mais um resquício das histórias apavorantes sobre a transmissão de sífilis dos poluídos para os inocentes, histórias que já foram muito difundidas e nas quais muita gente acredita até hoje. Todas as epidemias alarmantes, mas principalmente aquelas associadas à licenciosidade sexual, geram uma distinção entre os transmissores potenciais da doença (de modo geral, os pobres e, nesta parte do mundo, as pessoas de pele mais escura) e aqueles que são definidos — pelos profissionais da área de saúde e outros burocratas — como a "população em geral". A AIDS deu origem a fobias e temores de contaminação semelhantes, no seio de uma versão específica da "população em geral": heterossexuais brancos que não usam drogas injetáveis nem têm relações sexuais com pessoas que o fazem. Tal como a sífilis, a AIDS é uma doença concebida como um mal que afeta um grupo perigoso de pessoas "diferentes" e que por elas é transmitido, e que ataca os já estigmatizados numa proporção ainda maior do que ocorria no caso da sífilis. No entanto, a sífilis não era identificada com a morte certa, uma morte precedida por uma agonia prolongada, tal como ocorria antes com o câncer e ocorre agora com a AIDS.

O fato de a AIDS não ser uma única doença e sim uma síndrome, uma lista aparentemente infinita de doenças "oportunistas" que constituem o quadro da AIDS (ou seja, que justificam o diagnóstico de AIDS), faz com que ela seja mais o produto de uma definição ou construção do que, até mesmo, uma doença muito complexa e multiforme como o câncer. De fato, a afirmativa de que a AIDS é invariavelmente fatal depende em parte daquilo que os médicos consideram como AIDS, como fases anteriores da doença. E essa decisão depende de uma metáfora bem primitiva: o conceito de doença *full-blown* (ou *full-fledged*).*[2] *Full-blown* é a forma na qual a doença é inevitavelmente fatal. Assim como o que é imaturo fatalmente se torna maduro, aquilo que brota fatalmente desabrocha (e o que começa a ter penas termina emplumado), a metáfora botânica ou zoológica faz com que a norma, a regra, seja o processo desenvolver-se ou evoluir até a AIDS. Não estou dizendo que é a metáfora que cria a concepção clínica; afirmo, contudo, que aquela faz muito mais do que apenas ratificar esta. A metáfora reforça uma interpretação dos dados clínicos que está longe de ter sido provada — que no momento não é sequer passível de prova. O fato é que ainda é cedo demais para concluir, com relação a uma doença que foi identificada há apenas sete anos, que a infecção inevitavelmente produza algo do que se morre, ou mesmo que todo indivíduo que contraiu aquilo que recebeu o nome de AIDS vai morrer disso. (Alguns autores observam que as terríveis taxas de mortalidade talvez assinalem apenas as mortes mais rápidas dos indivíduos mais vulneráveis ao vírus — devido a uma resistência imunológica diminuída ou a predisposições genéticas, entre

---

* *Full-blown*: "plenamente desabrochado"; *full-fledged*: "plenamente emplumado". Trata-se de duas metáforas de uso frequente na língua inglesa, com o sentido de "amadurecido", "completo". (N. T.)

outros cofatores possíveis — e não impliquem que a infecção seja fatal para todos.) Para a implementação da metáfora da doença *full-blown*, foi necessário conceber a doença como um processo dividido em fases distintas. Ao mesmo tempo, porém, essa divisão enfraqueceu um pouco a ideia de inevitabilidade conotada pela metáfora. Aqueles que quisessem relativizar a hipótese de que a infecção é inevitavelmente letal poderiam utilizar a classificação em três fases — infecção com o HIV, complexo relacionado à AIDS (ARC) e AIDS propriamente dita —, para escolher uma entre duas possibilidades, ou levar em conta ambas: a menos catastrófica, segundo a qual *nem* todas as pessoas infectadas "avançariam" da infecção com HIV para a AIDS, e a mais catastrófica, a de que todos terminariam aidéticos.

Já há algum tempo, a interpretação mais catastrófica dos dados vem predominando, o que significa que uma mudança de nomenclatura está por vir. Aqueles que exercem forte influência sobre a maneira como a doença é encarada resolveram pôr fim às falsas esperanças que poderiam ser levantadas pela utilização de diferentes siglas para designar diferentes fases da doença. (Esperanças essas que certamente nunca foram muito grandes.) As propostas mais recentes de reforma terminológica — por exemplo, a eliminação da categoria ARC — não questionam a divisão da doença em fases, mas dão ainda mais ênfase à continuidade do processo mórbido. Agora a doença *full-blown* é considerada mais inevitável, o que vem acentuar o fatalismo existente.[3]

Desde o início, a construção da doença baseou-se em conceitos que separavam um grupo humano de outro — os doentes dos sãos, as pessoas que têm ARC das que têm AIDS, "eles" de "nós" — e ao mesmo tempo apontava para a dissolução iminente dessas distinções. Por mais cautelosas que fossem, as previsões sempre pareciam fatalistas. Assim, os frequentes pronunciamentos dos especialistas em AIDS e autoridades sanitárias, a respeito da possibilidade de pessoas infectadas com o vírus contraírem a forma *full-blown* da doença, sempre pareceram acima de tudo tentativas de administrar a opinião pública, divulgando as informações pavorosas em doses homeopáticas. As estimativas referentes à porcentagem de pessoas infectadas que deverão exibir sintomas que levem ao diagnóstico de AIDS dentro de um período de cinco anos, talvez demasiadamente baixas — no momento em que escrevo, oscilam entre 30% e 35% —, são invariavelmente seguidas da afirmativa de que "a maioria, provavelmente todos" os indivíduos infectados terminarão contraindo a doença. Assim, o número crítico não é a porcentagem de pessoas que deverão tornar-se aidéticas num período de tempo relativamente curto, e sim o intervalo *máximo* que pode transcorrer entre a infecção com o HIV (concebida como irreversível) e o aparecimento dos primeiros sintomas. À medida que vai aumentando o período que teve início no momento em que a doença foi identificada, aumenta também o período máximo que pode decorrer entre a infecção e a manifestação dos sintomas da doença; agora que faz sete anos que a epidemia teve início, estima-se que o período de latência máximo seja de dez a quinze anos. Esse número, que ao que tudo indica continuará sendo periodicamente revisto, aumentando cada vez mais, é em grande parte responsável pela permanência da classificação da AIDS como uma doença inexorável, inevitavelmente fatal.

Como se acredita que todos os infectados com o vírus mais cedo ou mais tarde contrairão a doença, evidentemente aqueles cujos exames dão resultado positivo passam a ser encarados como aidéticos, só que *ainda* não contraíram a doença. É apenas uma questão de tempo, como qualquer condenação à morte. Menos evidente é que, muitas vezes, essas pessoas são encaradas como se *já estivessem* doentes. Cada vez mais, o resultado positivo do exame do HIV (que na verdade verifica a presença não do vírus, e sim dos anticorpos produzidos em reação a ele) é entendido como sinal de que a pessoa está doente. Daí em diante, estar contaminado *significa* estar doente. O conceito de "contaminado, porém não doente", da maior importância na medicina clínica (o organismo está sempre contaminado por inúmeros agentes), está sendo substituído por conceitos biomédicos que, qualquer que seja a sua justificação científica, na prática têm o efeito de trazer de volta a lógica anticientífica da conspurcação, e faz com que a expressão "contaminado, porém saudável" se torne contraditória. Mas esse novo conceito de "estar doente" tem muitas consequências práticas. Algumas pessoas estão sendo despedidas quando vem à tona que são portadoras do HIV (embora, nos Estados Unidos, seja ilegal despedir um empregado por esse motivo), de modo que os portadores devem sentir-se fortemente tentados a esconder o fato. As consequências de ser rotulado portador do HIV são ainda mais graves para aquelas populações — cujo número vai crescer — às quais o governo já impôs a obrigatoriedade do exame. O Departamento de Defesa dos Estados Unidos anunciou que os membros das Forças Armadas portadores do HIV estão sendo removidos "de cargos onerosos e que envolvam a segurança nacional", porque dados indicam que, numa minoria expressiva de casos, indivíduos contaminados, embora não manifestem nenhum sintoma da doença, sofrem mudanças sutis em suas faculdades mentais. (Os dados em questão: resultados inferiores em certos testes neurológicos aplicados a alguns portadores, devidos talvez a deficiências mentais causadas pela presença do vírus, embora a maioria dos médicos considere essa hipótese extremamente improvável, e o fenômeno possa ser causado — o que foi oficialmente reconhecido em resposta a uma pergunta — pelos sentimentos de "raiva, depressão, medo e pânico" daqueles que acabam de descobrir que são portadores do HIV). Além disso, como se sabe, os portadores do vírus atualmente não podem emigrar para país algum.

Em todas as epidemias de natureza infecciosa, a epidemia é equivalente ao número de casos tabulados. A epidemia de AIDS é encarada como sendo *agora* equivalente à soma desse número mais o cálculo referente a um número muito maior de pessoas aparentemente saudáveis (mas, na verdade, condenadas) que estão contaminadas. Esses cálculos estão constantemente sendo feitos e refeitos, e há uma pressão crescente no sentido de identificar essas pessoas e assinalá-las. Com os exames biomédicos mais sofisticados, torna-se possível criar uma nova classe de párias vitalícios, os futuros doentes. Mas o resultado dessa expansão radical do conceito de doença, criada pelo triunfo da investigação médica moderna, parece ser também uma volta ao passado, a um tempo anterior à era do triunfalismo da medicina, em que as doenças eram inumeráveis e misteriosas, e a passagem de uma doença grave para a morte era algo normal (e não, como agora, um erro ou fracasso da medicina, cujo destino é ser corrigido). A AIDS, que leva pessoas a serem consideradas doentes antes de adoecerem; que produz uma série aparentemente inumerável de doenças-sintoma; para a qual só há paliativos; e que leva muitos a uma espécie de morte social que precede a morte física — a AIDS dá origem a uma situação semelhante à experiência pré-moderna da doença, tal como é apresentada nas *Devotions* de Donne, em que "tudo aquilo que desordena uma faculdade e sua função é uma doença", a qual tem início quando

> somos prejudicados, sobrepujados por estes ciúmes e desconfianças, e apreensões de doenças, antes mesmo de podermos dizer que estamos doentes; não estamos certos de estar doentes; uma das mãos pergunta ao pulso da outra, e nosso olho pergunta à nossa urina como estamos [...] somos atormentados pela doença, e mal conseguimos esperar que o tormento comece [...]

— um tormento que tortura cada parte do corpo, tornando quimera a perspectiva de uma verdadeira cura, pois "o que não passa de um acidente, de um sintoma da doença principal, é tão violento que o médico é levado a cuidar dele" em vez de dedicar-se à "cura da doença em si", e cuja consequência é o abandono:

> Se a doença é o maior sofrimento, o maior sofrimento da doença é a solidão; quando o caráter infeccioso da doença impede a vinda daqueles que poderiam ajudar; mesmo o médico mal ousa vir [...] é uma proscrição, uma excomunhão para o paciente.

Na medicina pré-moderna, a doença é descrita tal como é vivenciada intuitivamente, como uma relação entre exterior e interior: uma sensação ou outro fenômeno interior a ser detectado na superfície do corpo, pela visão (ou, imediatamente abaixo dela, pela auscultação e palpação), confirmado quando o interior é aberto e exposto (pela cirurgia, pela autópsia). A medicina moderna — ou seja, a eficaz — caracteriza-se por uma concepção muito mais complexa do que deve ser observado dentro do corpo — não apenas os resultados da doença (órgãos danificados), mas também sua causa (microrganismos) — e por uma tipologia das doenças muito mais elaborada.

No tempo dos diagnósticos artesanais, o exame gerava um veredicto imediato, que dependia apenas de o médico estar disposto a falar. Agora o exame implica a passagem pelo laboratório. E o laboratório introduz um intervalo de tempo que, dada a natureza inevitavelmente industrial de um exame médico competente, pode se estender a semanas: uma demora torturante para aqueles que acham que o resultado será uma condenação à morte ou uma absolvição. Muitos relutam em fazer o exame, temendo o veredicto, temendo entrar para uma lista que pode vir a causar discriminações ou coisa pior, e por fatalismo (de que adiantaria saber?). Hoje em dia é amplamente reconhecida a necessidade de se autoexaminar, para detectar a presença de certos tipos de câncer que, quando descobertos bem cedo, ainda podem ser tratados, porém provavelmente fatais quando muito adiantados. Mas detectar no início a existência de uma doença considerada inexorável e incurável não parece ter nenhum sentido.

Como outras doenças que provocam sentimentos de vergonha, a AIDS é muitas vezes ocultada, mas não do paciente. No caso do câncer, a família frequentemente não revelava o diagnóstico ao paciente; já com a AIDS, o mais comum é o paciente não revelar o fato a seus familiares. E tal como se dá com outras doenças graves encaradas como mais do que simples doenças, a AIDS leva muitas pessoas a buscar tratamentos que envolvam todo o organismo e não se dirijam especificamente à doença em si, que são considerados ineficazes ou demasiadamente perigosos. (A tendência a depreciar a medicina científica, eficiente, por oferecer tratamentos voltados *apenas* para a doença específica, e que normalmente são tóxicos, é um equívoco em que caem frequentemente as pessoas que se julgam esclarecidas.) Essa opção desastrosa continua sendo feita por alguns pacientes de câncer, uma doença que pode muitas vezes ser curada pela cirurgia e por drogas. E uma mistura previsível de superstição e resignação está levando alguns aidéticos a não recorrerem à quimioterapia antiviral, a qual, ainda que não constitua uma cura, tem certa eficácia (retarda o avanço da síndrome e previne algumas infecções oportunistas comuns), e em vez disso a tentarem curar-se sozinhos, muitas vezes orientados por algum guru da "medicina alternativa". Mas sujeitar um corpo emaciado à purificação de uma dieta macrobiótica ajuda tanto o tratamento da AIDS quanto uma sangria, o tratamento "holístico" mais em moda na época de Donne.

4

ETIMOLOGICAMENTE, "paciente" quer dizer "sofredor". O que mais se teme não é o sofrimento em si, mas o sofrimento degradante.

A ideia de que a doença pode trazer não apenas sofrimento, mas também uma espécie de autotranscendência, é afirmada pela literatura sentimental e, de modo mais convincente, pelos casos clínicos apresentados em obras de médicos. Algumas doenças inspiram esse tipo de meditação mais do que outras. Oliver Sacks utiliza casos catastróficos de doenças neurológicas para elaborar seus relatos de sofrimento e autotranscendência, limitação e exaltação. Seu grande precursor, *sir* Thomas Browne, utilizou a tuberculose para um fim semelhante, ao meditar sobre a doença em geral, em "Carta a um amigo, por ocasião da morte de seu amigo íntimo" (1657), extraindo um sentido pré-romântico de alguns dos estereótipos comuns referentes à tuberculose: a ideia de que é uma forma distinta de adoecer ("sendo essa uma doença prolongada") e de morrer ("sua morte suave"). A fantasia de uma morte suave — na verdade, a morte do tuberculoso era muitas vezes extremamente dolorosa — faz parte da mitologia da maioria das doenças que não são consideradas vergonhosas nem aviltantes.

Ao contrário da morte suave atribuída à tuberculose, a AIDS, como o câncer, leva a uma morte sofrida. Todas as doenças metaforizadas que atormentam a imaginação coletiva levam a uma morte sofrida, ou se imagina que o façam. Não basta a doença ser letal para que cause terror. Essa condição nem sequer é necessária, como se vê no caso curioso da lepra, talvez a mais estigmatizada de todas as doenças, embora raramente fatal e extremamente difícil de se contrair. O câncer é mais temido do que as doenças cardíacas, embora seja mais provável uma pessoa que sofreu uma trombose coronária morrer dentro de poucos anos do que uma pessoa que já teve câncer morrer de câncer. Um colapso cardíaco é um acontecimento, mas não dá à pessoa uma nova identidade, transformando o paciente em "um deles". Não implica uma transformação — e, se há transformação, é para melhor: movido pelo medo, o cardíaco adquire bons hábitos de exercício e dieta, começa a levar uma vida mais prudente e saudável. E é uma morte muitas vezes considerada boa, porque instantânea.

As doenças que mais causam terror são as consideradas não apenas letais, mas também desumanizadoras — no sentido literal do termo. O que se manifestou na onda de pânico motivada pela raiva que agitou a França no século XIX, em que foram falsamente divulgados inúmeros casos de contaminação causada por animais que subitamente se tornavam "bestiais" e, até mesmo, de raiva "espontânea" (na verdade, foram extremamente raras as ocorrências de *la rage*, raiva ou hidrofobia), era a fantasia de que a contaminação transformava as pessoas em animais furiosos — desencadeando incontroláveis impulsos sexuais e blasfemos — e não o fato de, até Pasteur descobrir um tratamento em 1885, a doença ser invariavelmente fatal. E a cólera, embora matasse menos pessoas do que a varíola, na Europa ocidental do século XIX, era mais temida, porque surgia subitamente e seus sintomas eram degradantes: diarreia e vômitos incontroláveis, provocando o espetáculo horrível da decomposição do corpo. Em algumas horas, a desidratação radical encolhia o paciente e o transformava numa caricatura enrugada de si próprio; a pele ficava azulada (até hoje, em francês, um medo paralisante é *une peur bleue*); o corpo esfriava; a morte ocorria no mesmo dia ou pouco depois.

Os efeitos da poliomielite eram terríveis — o corpo definhava —, mas a carne não ficava marcada nem apodrecida: não era uma doença repulsiva. Além disso, atacava apenas o corpo, por pior que isso seja, mas não o rosto. A reação relativamente razoável, não metafórica, despertada pela poliomielite deve muito ao status privilegiado do rosto, tão importante para nossa avaliação da beleza ou da ruína física. Pois, por mais que a filosofia e a ciência modernas tenham atacado a separação cartesiana entre *mente* e corpo, não foi nem um pouco afetada a convicção de nossa cultura referente à separação entre *rosto* e corpo, que influencia todos os aspectos dos costumes, modas, apreciação sexual, sensibilidade estética — praticamente todos os nossos conceitos do que é correto. Essa separação é um dos principais elementos de uma das tradições iconográficas fundamentais da Europa — a representação do martírio cristão, com um abismo surpreendente entre o que é expresso pelo rosto e o que está acontecendo com o corpo. As incontáveis imagens de são Sebastião, santa Ágata, são Lourenço (mas não a do próprio Cristo), em que o rosto demonstra sua superioridade tranquila em relação às atrocidades sofridas pela parte inferior — lá embaixo, a ruína do corpo; no alto, a pessoa, encarnada no rosto, geralmente voltado para cima, sem exprimir dor nem medo; pois a pessoa já não está mais lá. (Só Cristo, ao mesmo tempo Filho do Homem e Filho de Deus, manifesta sofrimento no rosto: ele sofre sua Paixão.) O próprio conceito de pessoa, de dignidade, depende da separação entre rosto e corpo,[4] da possibilidade de que o rosto esteja isento — ou ele próprio se isente — do que está acontecendo com o corpo. E, por mais letais que sejam, as doenças que, como as do coração e a gripe, não danificam nem deformam o rosto jamais provocam o terror mais profundo.

Nem todas as espécies de alterações sofridas pelo rosto são encaradas como repulsivas ou vergonhosas. As mais temidas são as que parecem transformar o doente em animal (o "rosto leonino" do leproso) ou que conotam putrefação (caso da sífilis). Por trás de alguns dos juízos morais feitos em relação às doenças, encontram-se juízos estéticos a respeito do belo e do feio, do limpo e do sujo, do conhecido e do estranho ou insólito. (Mais exatamente, esses juízos têm origem num ponto anterior àquele em que as categorias estéticas e morais se separam e terminam por parecer opostas.) Mais importante do que a intensidade do desfiguramento é ele refletir um processo subjacente e progressivo de dissolução da pessoa. A varíola também desfigura, esburacando o rosto; mas as marcas que ficam não pioram. Pelo contrário: são justamente as marcas do sobrevivente. Já as marcas no rosto do leproso, do sifilítico, do aidético, assinalam uma mutação, uma dissolução progressiva; algo orgânico.

As caracterizações sinistras do orgânico proliferaram, no século XIX, nas descrições da doença e de suas causas. Tanto a origem de doenças específicas, como a cólera, quanto a propensão geral a adoecer eram atribuídas a uma atmosfera "infecta" (ou "impura"), emanações espontaneamente geradas por algo de sujo. Normalmente identificada (em princípio por causa do fedor) com a matéria orgânica em putrefação, essa atmosfera portadora de doenças veio a ser identificada com a miséria urbana, em oposição à rural, e com o lixo, a podridão, a proximidade dos cemitérios. Essas ideias terminaram sendo desacreditadas pelas descobertas de Pasteur e Koch, referentes ao papel desempenhado por microrganismos específicos. Em 1880, a comunidade científica já não acreditava em miasmas — nome dado a tais emanações — nem na geração espontânea. (Em 1883, um ano depois de descobrir o bacilo da tuberculose, Koch descobriu o bacilo da cólera, transmitido pela água.) Mas mesmo depois de a teoria do miasma ter sido derrotada pela teoria do contágio através de germes, o miasma sobreviveu, já sem status de causa primeira, como uma espécie de cofator vago utilizado na explicação de muitas doenças. A ideia de que morar numa cidade escura e suja causa a tuberculose (ou, ao menos, produz uma suscetibilidade à tuberculose) é uma versão da teoria do miasma, e muitos ainda acreditavam nela em pleno século XX, muito depois da descoberta da verdadeira causa da tuberculose. Aparentemente, algo assim como um miasma, uma atmosfera que represente a generalização da infecção, é necessário para a moralização de uma doença.

Pouco depois de ser rejeitada pelos cientistas, a teoria do miasma inspirou ao menos uma grande obra de arte: a ópera de Debussy baseada na peça de Maeterlinck *Pelléas et Mélisande*, uma espécie de *Tristan und Isolde* deslocada para o mundo dos miasmas. Não admira que *Pelléas et Mélisande*, em que todos os personagens manifestam sentimentos de fraqueza e se sentem perdidos, e alguns já estão doentes; em que aparece um castelo velho e decadente onde não entra luz; em que o chão está cheio de terrores subterrâneos e águas profundas em que se pode cair — tudo o que equivale ao miasma, só faltando o fedor —, nos pareça acima de tudo um retrato da doença *psicológica*, da neurose. Pois à medida que a categoria de doença genérica foi sendo suplantada na medicina do século XIX pela nova compreensão da extrema especificidade das causas das doenças, ela se foi instaurando nos domínios cada vez mais amplos da psicologia. A pessoa fisicamente doente passou a ser o neurastênico ou o neurótico. E a ideia de um meio organicamente contaminado, objetivamente patogênico, ressurgiu na ideia de um ambiente psicologicamente contaminado, que gerava uma tendência à doença mental.

Essa ideia não permaneceu restrita ao âmbito da psicologia e, quando a psicologia ganhou credibilidade como ciência, voltou a influenciar a medicina. A ideia muito difundida de que muitas doenças, ou mesmo a maioria delas, "no fundo" não são físicas mas mentais (ou, numa posição mais conservadora, "psicossomáticas") perpetua a forma da teoria do miasma — excesso de causas, excesso de significados — numa nova versão que se tornou extremamente generalizada no século XX. A ideia de que o miasma psicológico (a depressão, a "fossa") pode causar doenças fisiológicas foi aplicada, com diferentes graus de respeitabilidade, a muitas doenças, inclusive o câncer. E o fato de que ninguém se sente (pelo menos por enquanto) tentado a psicologizar a AIDS é um dos aspectos sob os quais ela — que tem muitas metáforas em comum com o câncer — parece muito diferente do câncer, esta doença tão saturada de avaliações especificamente modernas de energia e desastre, e é vivenciada como as doenças pré-modernas, como a lepra e a sífilis.

5

A **"PESTE" É A PRINCIPAL METÁFORA** através da qual a epidemia de AIDS é compreendida. E por causa da AIDS a ideia generalizada, embora absurda, de que o câncer é uma epidemia, até mesmo uma peste, parece estar desaparecendo: a AIDS banalizou o câncer.

A peste (o termo vem do latim *pestis*, "flagelo", "calamidade") é há muito tempo utilizada como metáfora do que pode haver de pior em termos de calamidades e males coletivos — em sua *História secreta*, verdadeira obra-prima da calúnia, Procópio afirma que o imperador Justiniano é pior do que a peste ("pois dele menos gente escapou") —, ao mesmo tempo que funciona como nome genérico de grande número de doenças assustadoras. Embora a doença à qual o termo esteja permanentemente associado tenha produzido a mais devastadora de todas as epidemias de que se tem notícia, para que uma doença seja encarada como uma peste não é necessário ela causar a morte de modo implacável. A lepra, que em nosso tempo só mata muito raramente, não era muito mais fatal do que é agora no período em que foi mais forte como epidemia, mais ou menos entre 1050 e 1350. E a sífilis já foi encarada como uma peste — Blake fala da "maldição da moça prostituta" que "à tumba nupcial traz peste bruta" — não porque matasse muita gente, mas porque incapacitava o doente, inspirava vergonha e asco.

Normalmente, as epidemias é que são consideradas pestes. E essas ocorrências de doença coletiva são encaradas como castigos impostos. A ideia da doença como um castigo é a mais antiga explicação da causa das doenças — uma ideia a que se opõe toda a atenção dada aos doentes que mereça o nobre nome de medicina. Hipócrates, que escreveu diversos tratados sobre as epidemias, explicitamente negou que "a ira de Deus" fosse uma das causas da peste bubônica. Porém, as doenças que na antiguidade se interpretavam como castigos — um exemplo é a peste que aparece em *Édipo* — não eram consideradas vergonhosas, como a lepra e posteriormente a sífilis vieram a ser vistas. Quando uma doença adquiria significado, ela era encarada como uma calamidade coletiva, uma condenação imposta à comunidade. Apenas o ferimento e a deficiência física eram entendidos como algo que o indivíduo fizera por merecer. Se quiséssemos encontrar na literatura da antiguidade algo análogo à ideia moderna de uma doença vergonhosa que leva o indivíduo ao isolamento, teríamos de recorrer à ferida malcheirosa de Filoctetes.

As doenças mais temidas, as que não são simplesmente fatais, mas transformam o corpo em algo repulsivo, como a lepra, a sífilis, a cólera e (na imaginação de muitos) o câncer, são as que parecem mais suscetíveis a ser promovidas à condição de "peste". A lepra e a sífilis foram as primeiras doenças a ser sistematicamente encaradas como repulsivas. Foi a sífilis que, nas primeiras descrições feitas por médicos no final do século XV, gerou uma versão das metáforas que proliferam em torno da AIDS: a ideia de uma doença que não apenas era repulsiva e punitiva, como também representava uma invasão que atingia toda a coletividade. Embora Erasmo, o mais influente pedagogo europeu do início do século XVI, afirmasse que a sífilis não era "nada mais do que uma espécie de lepra" (em 1529 ele já a considerava "algo pior do que a lepra"), a doença já era entendida como algo diferente, por ser sexualmente transmissível. Paracelso fala (segundo paráfrase de Donne) daquela "doença imunda e contagiosa que havia então invadido a humanidade em alguns lugares, e que posteriormente se espalhou por toda a parte, que para punir a licenciosidade geral Deus instituiu esse mal". Durante muito tempo, praticamente até o momento em que surgiu uma cura fácil para a doença, a ideia de que a sífilis representava um castigo para o indivíduo transgressor não se distinguia completamente da ideia de que ela vinha punir toda uma comunidade licenciosa — exatamente o que se dá agora com a AIDS, nos países industrializados. Ao contrário do câncer, entendido como uma doença provocada pelos hábitos do indivíduo (e que revela algo a respeito dele), a AIDS é concebida de maneira pré-moderna como uma doença provocada pelo indivíduo enquanto tal e enquanto membro de algum "grupo de risco" — essa categoria burocrática, aparentemente neutra, que também ressuscita a ideia arcaica de uma comunidade poluída para a qual a doença representa uma condenação.

Naturalmente, nem todos os relatos a respeito da peste e de doenças semelhantes são meros veículos para estereótipos assustadores a respeito da doença e dos doentes. Tentativas de pensar criticamente, historicamente, a doença e as catástrofes em geral foram feitas em todo o decorrer do século XVIII: digamos, desde o *Diário do ano da peste* de Defoe (1722) até *Os noivos* de Alessandro Manzoni (1827). A obra de ficção histórica de Defoe, supostamente o relato de uma testemunha ocular a respeito do surto de peste bubônica ocorrido em Londres em 1665, não dá continuidade à visão da peste como um castigo, nem tampouco a vê — como veio a ocorrer posteriormente — como uma experiência transformadora. E Manzoni, em seu longo relato sobre a passagem da peste pelo ducado de Milão em 1630, explicitamente se propõe a apresentar uma visão mais precisa e menos reducionista do que a de suas fontes históricas. Mas mesmo essas duas narrativas complexas reforçam algumas ideias simplistas e persistentes a respeito da peste.

Eis uma característica da visão comum da peste: a doença invariavelmente vem de outro lugar. Os nomes recebidos pela sífilis na última década do século XV, época em que, pela primeira vez, ela começou a se espalhar pela Europa sob forma de epidemia, constituem um excelente exemplo da necessidade de encarar uma doença temida como algo estrangeiro.[5] Para os ingleses, era o "mal-francês"; para os parisienses, o *morbus germanicus*; para os florentinos, o "mal de nápoles"; para os japoneses, a "doença chinesa". Mas essa observação, que pode parecer uma simples anedota sobre a inevitabilidade do chauvinismo, revela uma verdade mais importante: a de que há uma ligação entre o imaginário da doença e o imaginário do estrangeiro. Suas raízes se encontram talvez no próprio conceito de errado, sempre identificado com o não-nós, o estranho. A pessoa poluente é sempre errada, observou Mary Douglas. O inverso também é verdadeiro: a pessoa considerada errada é vista, ao menos potencialmente, como uma fonte de poluição.

O lugar estrangeiro a que se atribui a origem de uma doença séria, ou de mudanças meteorológicas drásticas, não é necessariamente distante: pode até ser um país vizinho. A doença é uma espécie de invasão; de fato, muitas vezes é propagada por soldados. O relato de Manzoni sobre a peste de 1630 (capítulos 31 a 37) começa assim:

> A peste que o Tribunal de Saúde temia que entrasse nas províncias milanesas com as tropas alemãs havia de fato entrado, como é bem sabido; e é igualmente sabido que não parou lá, mas prosseguiu, invadindo e despovoando boa parte da Itália.

Defoe começa sua crônica da peste de 1665 de modo semelhante, com uma série de especulações ostensivamente escrupulosas a respeito da origem estrangeira do mal:

> Foi por volta do início de setembro de 1664 que eu, tal como meus vizinhos, ouvi dizer que a peste havia voltado à Holanda mais uma vez; pois ela fora muito violenta lá, particularmente em Amsterdã e Roterdã, no ano de 1663, aonde chegara, da Itália segundo uns, do Levante segundo outros, em meio a algumas mercadorias trazidas pelos navios que faziam comércio com a Turquia; outros diziam que viera de Cândia; outros, de Chipre. De onde viera, não importava; mas todos concordavam que a peste voltara à Holanda.

A peste bubônica, reaparecida em Londres na década de 1720, viera de Marselha, o lugar normalmente considerado o ponto pelo qual a peste entrava na Europa ocidental, no século XVIII: trazida por marinheiros e, em seguida, difundida por soldados e comerciantes. No século XIX, a origem da peste era normalmente atribuída a lugares mais exóticos, o meio de transporte era imaginado de modo menos específico e a doença em si tornara-se algo fantasmagórico, simbólico.

No final de *Crime e castigo*, Raskolnikov sonha com a peste: "Sonhou que o mundo inteiro estava fadado a sofrer uma nova peste, estranha e terrível, que chegara à Europa das profundezas da Ásia". No início da frase, temos "o mundo inteiro"; no final, vemos que se trata apenas da "Europa", assolada por uma doença letal proveniente da Ásia. O modelo de Dostoievski é sem dúvida a cólera, chamada cólera asiática, há muito tempo endêmica em Bengala, rapidamente transformada em epidemia de âmbito mundial, permanecendo como tal durante a maior parte do século XIX. A ideia de que as doenças que afligem a Europa vêm de fora faz parte da secular imagem da Europa como entidade cultural privilegiada. Pressupõe-se a Europa, de direito, isenta de doenças. (E os europeus manifestam uma indiferença extraordinária em relação ao impacto devastador que eles próprios — como invasores, como colonizadores — tiveram sobre o mundo exótico e "primitivo", introduzindo as doenças europeias; pensemos nos efeitos catastróficos da varíola, da gripe e da cólera sobre as populações aborígines das Américas e da Austrália.) A persistência da atribuição de origens exóticas às doenças graves é um dos motivos pelos quais a cólera, que atacou a Europa no século XIX em quatro grandes surtos, cada um menos letal que o anterior, é até hoje mais memorável do que a varíola, cuja devastação aumentou no decorrer do século (meio milhão de europeus morreram na pandemia de varíola do início da década de 1870), mas que não podia ser encarada como uma espécie de peste, uma doença de origem não europeia.

Agora as pestes não são mais "enviadas", como se dizia na antiguidade bíblica e clássica, pois a questão do agente se tornou pouco clara. Agora os povos são *visited** pelas pestes. E essas *visitations* são recorrentes, como deixa claro o subtítulo da narrativa de Defoe, onde se lê que o livro diz respeito à peste "ocorrida em Londres durante a última grande *visitation*, em 1665". Mesmo quando as vítimas não são europeias, usa-se o termo *visitation* para referir-se a uma doença mortífera. Mas as *visitations* sofridas por "eles" são invariavelmente consideradas diferentes das sofridas por "nós". "Creio que cerca de metade da população foi dizimada por esta *visitation*", escreveu o viajante inglês Alexander Kinglake, chegando no Cairo na época da peste bubônica (às vezes denominada "peste oriental"). "Os orientais, porém, manifestam mais firmeza e tranquilidade do que os europeus quando sofrem desgraças como esta." Esta obra influente de Kinglake, *Eothen* (1844) — cujo sugestivo subtítulo era "Restos de viagem trazidos do Oriente" —, exemplifica muitos pressupostos eurocêntricos persistentes a respeito dos "outros", a começar pela fantasia de que os povos com menos razões para se julgarem imunes às desgraças têm menos capacidade de *sentir* as desgraças. Acredita-se que os asiáticos (ou os pobres, ou os negros, ou os africanos, ou os muçulmanos) não sofrem ou não se lamentam tanto quanto os europeus (ou os brancos). O fato de a doença ser associada aos pobres — os quais são, para os privilegiados, estranhos vivendo no meio deles — reforça a associação com o estrangeiro: com um lugar exótico, muitas vezes primitivo.

Assim, seguindo-se à risca a visão clássica da peste, julga-se que a AIDS surgiu no "continente negro", espalhou-se para o Haiti, depois para os Estados Unidos, depois para a Europa, depois... A AIDS é encarada como uma doença tropical: mais uma peste oriunda do chamado Terceiro Mundo — o qual, afinal de contas, é o lugar onde vive a maior parte da população do mundo —, além de ser um flagelo dos *tristes tropiques*. Têm

---

* Em inglês, usa-se o verbo *visit* ("visitar") e o substantivo *visitation* ("visitação") para referir-se a uma catástrofe concebida como um tormento enviado aos homens, com a conotação de "provação". (N. T.)

razão os africanos que assinalam a presença de estereótipos racistas em boa parte das especulações a respeito da origem geográfica da AIDS. (Como também têm razão quando afirmam que apresentar a África como berço da AIDS certamente alimenta os preconceitos contra os africanos, na Europa e na Ásia.) A ligação subliminar com ideias referentes a um passado primitivo e as muitas hipóteses que supõem a doença tendo se originado em animais e passado para seres humanos (uma doença dos macacos? peste suína africana?) desencadeiam inevitavelmente uma série de estereótipos bem conhecidos, que associam os negros a ideias de animalidade e licenciosidade sexual. No Zaire e em outros países da África central onde a AIDS está matando dezenas de milhares de pessoas, a reação já teve início. Muitos médicos, professores, jornalistas, funcionários do governo e outras pessoas instruídas acreditam que o vírus foi enviado para a África pelos Estados Unidos, num ato de guerra bacteriológica (cujo objetivo seria diminuir a taxa de natalidade africana), mas se tornou incontrolável, de modo que o feitiço se voltou contra o feiticeiro. Segundo uma versão dessa teoria muito difundida na África, o vírus foi fabricado num laboratório da CIA e do exército americano em Maryland, de lá foi mandado à África e terminou reentrando em seu país de origem, trazido por missionários homossexuais americanos que estavam atuando na África, quando voltaram para Maryland.[6]

De início, imaginava-se que a AIDS fatalmente se espalharia por todo o mundo do mesmo modo catastrófico como surgiu na África, e aqueles que continuam achando que isso vai terminar acontecendo sempre mencionam a Peste Negra. A metáfora da peste é um veículo essencial para a visão mais pessimista da epidemia. Desde as obras de ficção clássicas até as matérias jornalísticas mais recentes, a peste é encarada como algo inexorável, inevitável. Os despreparados são apanhados de surpresa; os que observam as precauções recomendadas também são atingidos. *Todos* sucumbem quando a história é contada por um narrador onisciente, como na parábola de Poe, "A máscara da Morte Rubra" (1842), inspirada em um relato a respeito de um baile realizado em Paris durante a epidemia de cólera de 1832. Quase todos — se a história é narrada do ponto de vista de uma testemunha traumatizada, como acontece no romance stendhaliano de Jean Giono, *O hussardo no telhado* (1951), no qual um jovem nobre italiano exilado perambula pelo Sul da França, durante a epidemia de cólera da década de 1830.

A peste é invariavelmente encarada como uma condenação da sociedade, e quando a metaforização da AIDS a transforma numa condenação, as pessoas acostumam-se à ideia de que a doença inevitavelmente se espalhará por todo o mundo. Essa é a utilização tradicional das doenças sexualmente transmissíveis: apresentá-las como castigos impostos não apenas a indivíduos, mas também a todo um grupo ("licenciosidade geral"). Não só as doenças venéreas são usadas para esse fim, para identificar populações transgressoras ou viciosas. Até o final do século passado, interpretar qualquer epidemia catastrófica como sinal de frouxidão moral ou declínio político era tão comum quanto fazer uma associação entre doenças assustadoras e os estrangeiros (ou minorias desprezadas e temidas). E a atribuição de culpa não é negada pelos casos que não se enquadram. Quando os pregadores metodistas ingleses associavam a epidemia de cólera de 1832 ao alcoolismo (o movimento contra o álcool estava apenas começando), ninguém pensava que eles estivessem afirmando que *todas* as pessoas que pegavam cólera eram beberrões: sempre há lugar para "vítimas inocentes" (crianças, moças). A tuberculose, em sua identidade de doença dos pobres (e não dos "sensíveis"), também era associada ao alcoolismo pelos reformadores do final do século XIX. As recomendações motivadas por doenças associadas ao pecado e à pobreza sempre incluíam os valores de classe média: hábitos regulares, produtividade e autocontrole emocional; e o alcoolismo era o principal obstáculo à sua adoção.[7] A própria saúde terminava sendo identificada com esses valores, religiosos tanto quanto mercantis, pois a saúde era sinal de virtude, assim como a doença era sinal de depravação. O provérbio "limpeza é quase divindade" deveria ser entendido literalmente. As sucessivas epidemias de cólera do século XIX assinalam um declínio progressivo das interpretações religiosas da doença: mais exatamente, tais interpretações cada vez mais coexistiam com outras explicações. Em 1866, quando ocorreu uma epidemia de cólera, era corrente a ideia de que essa doença não era simplesmente um castigo divino, mas consequência de deficiências sanitárias remediáveis; a cólera, porém, continuava sendo encarada como o flagelo dos pecaminosos. Uma matéria do *New York Times* afirmava, em 22 de abril de 1866: "A cólera castiga especificamente o descaso com as leis da higiene; é a maldição dos sujos, dos beberrões, dos degradados".[8]

Se hoje parece inconcebível a cólera ou outra doença semelhante serem encaradas desse modo, não é porque seja menor a capacidade de considerar a doença por um ângulo moralizante, e sim apenas porque são doenças de outro tipo, agora usadas didaticamente. Após essas ocorrências de cólera, durante quase um século não houve, talvez, nenhuma outra epidemia séria com todos os requisitos necessários para ser considerada uma peste. (Refiro-me à cólera como uma doença europeia e americana, e portanto uma doença do século XIX; até 1817, jamais havia ocorrido uma epidemia de cólera fora do Extremo Oriente.) A gripe, que se aproximaria mais do modelo da peste do que qualquer outra epidemia do século XX, se o número de vítimas fatais fosse o principal critério, que atacava tão subitamente e matava tão depressa quanto a cólera, normalmente em poucos dias, nunca foi encarada metaforicamente como uma peste. Também não o foi uma outra epidemia mais recente, a poliomielite. Um dos motivos pelos quais essas epidemias não evocaram imagens da peste é o fato de elas não terem um número suficiente de atributos tradicionais da peste. (Por exemplo, a poliomielite, ou paralisia infantil, era encarada como uma doença típica de crianças — dos inocentes.) No entanto, a razão mais importante é que a exploração moralista das doenças sofreu uma mudança de ênfase, agora recaindo sobre as doenças que podem ser interpretadas como condenações individuais. Com essa mudança, tornou-

-se mais difícil usar as epidemias para esse fim. Por muito tempo, o câncer foi a doença que melhor servia à necessidade de nossa sociedade secular de culpar, punir e censurar através do imaginário da doença. O câncer era uma doença do indivíduo, vista não como resultado de uma ação, mas da negligência (falta de prudência, falta de autocontrole, falta de expressividade emocional). No século XX, tornou-se quase impossível explorar com intenção moralizante as epidemias — exceto quando se trata de doenças sexualmente transmissíveis.

A persistência da ideia de que a doença revela e pune a frouxidão moral e a devassidão pode ser observada de outra maneira: verificando-se a constância das descrições da desordem ou da corrupção como uma doença. A metáfora da peste é tão indispensável quando se trata de julgar de modo sumário as crises sociais que sua utilização praticamente não diminuiu durante a era em que as doenças coletivas não eram mais abordadas de modo tão moralista — a época entre as pandemias de gripe e encefalite da década de 1920 e a descoberta de uma nova doença epidêmica misteriosa no início da década de 1980 — e em que se afirmava com tanta insistência e convicção que as grandes epidemias infecciosas eram uma coisa do passado.[9] A metáfora da peste era comum na década de 1930 como sinônimo de catástrofe social e psíquica. Tais evocações da peste normalmente vêm acompanhadas de posturas bombásticas e antiliberais: pensemos em Artaud discorrendo sobre o teatro e a peste, ou em Wilhelm Reich falando da "peste emocional". E esse tipo de "diagnóstico" genérico necessariamente promove uma maneira de pensar anti-histórica. Ao mesmo tempo teodiceia e demonologia, ele não apenas coloca algo como símbolo do mal, mas também o concebe como agente de uma justiça implacável e terrível. Na peça de Karel Capek *A peste branca* (1937), a pestilência repulsiva que surge num país onde o fascismo subiu ao poder só ataca as pessoas com mais de quarenta anos de idade, as que podiam ser consideradas moralmente responsáveis.

Escrita pouco antes de a Tchecoslováquia ser tomada pelos nazistas, a peça alegórica de Capek é de certo modo uma anomalia: a utilização da metáfora da peste para exprimir a ameaça do que é definido como barbárie por um liberal europeu tradicional. A terrível e misteriosa doença é algo semelhante à lepra, uma lepra rápida, invariavelmente fatal, que teria vindo — naturalmente — da Ásia. Mas Capek não está interessado em identificar o mal político com a incursão do estrangeiro. O didatismo da peça baseia-se não na doença em si, mas no modo como os cientistas, jornalistas e políticos controlam as informações. O mais famoso especialista na doença fala a um repórter ("A doença do momento, pode-se dizer. Uns 5 milhões já morreram até agora, 20 milhões estão contaminados e um número de pessoas três vezes maior, no mínimo, continua vivendo suas vidas, sem perceber as manchas arredondadas, do tamanho de bolas de gude, espalhadas em seus corpos"); repreende um colega de profissão por usar os termos populares, "peste branca" e "lepra de Pequim", em vez do nome científico, "síndrome de Cheng"; imagina que o trabalho de sua clínica no sentido de identificar o novo vírus e encontrar uma cura ("todas as clínicas do mundo estão desenvolvendo projetos intensivos de pesquisa") aumentará o prestígio da ciência e dará o prêmio Nobel ao descobridor; abusa de hipérboles quando a cura parece ter sido encontrada ("foi a mais perigosa doença de toda a história, pior do que a peste bubônica"); e esboça o plano de enviar todos aqueles que exibem os sintomas da doença para campos de detenção bem guardados ("Uma vez que todo portador da doença é um transmissor potencial da doença, temos a *obrigação* de proteger os não contaminados dos contaminados. Todo sentimentalismo em relação a essa questão é fatal e, portanto, criminoso"). Por mais primária que seja a ironia de Capek, sua visão de uma catástrofe (médica, ecológica) como evento público administrado pelas autoridades numa sociedade de massas moderna está longe de ser inverossímil. E por mais convencional que seja sua utilização da metáfora da peste como agente do castigo (no final a peste mata o próprio ditador), Capek tem uma tal percepção das relações públicas que deixa explícita na peça sua compreensão da doença *enquanto* metáfora. O eminente médico afirma que as realizações da ciência nada representam em comparação com os méritos do ditador, prestes a desencadear uma guerra, "que soube evitar um flagelo muito pior: o flagelo da anarquia, a lepra da corrupção, a epidemia da liberdade bárbara, a peste da desintegração social que combalia mortalmente o organismo da pátria".

A peste de Camus, publicada dez anos depois, é uma utilização bem menos literal do tema da peste, feita por outro grande liberal europeu, tão sutil quanto esquemática é a peça de Capek. Ao contrário do que alguns afirmam, o romance de Camus não é uma alegoria política na qual a irrupção da peste bubônica num porto do Mediterrâneo representa a ocupação nazista. Essa peste não é um castigo. Camus não está protestando contra nada, nem a corrupção nem a tirania, nem sequer a condição mortal do homem. A peste não é nada mais, nada menos que um evento exemplar, a irrupção da morte que confere à vida sua seriedade. A utilização que faz da peste, mais como epítome do que como metáfora, é distanciada, estoica, consciente — nada tem a ver com uma condenação. Contudo, tal como na peça de Capek, os personagens do romance de Camus comentam como é impensável a ocorrência de uma peste em pleno século XX..., como se a ideia de que tal calamidade é algo que não poderia acontecer, não poderia *mais* acontecer, significasse que ela *tem* de acontecer.

6

O SURGIMENTO DE UMA NOVA EPIDEMIA CATASTRÓFICA, quando há várias décadas se afirmava com segurança que tais calamidades eram coisas do passado, por si só não bastaria para a exploração moralista de uma epidemia como "peste". Isso só poderia ocorrer com uma doença epidêmica cujo meio de transmissão mais comum fosse o ato sexual.

Cotton Mather* afirmou que a sífilis era um castigo "que o justo juízo de Deus reservou para nossa era tardia". Quando nos lembramos de tolices como essas, proferidas a respeito da sífilis entre o final do século xv e o início do xx, não há por que nos surpreendermos com a constatação de que muita gente quer encarar a AIDS metaforicamente — como uma espécie de peste, uma condenação moral da sociedade. Os fulminadores profissionais não poderiam resistir à oportunidade retórica oferecida por uma doença fatal, sexualmente transmissível. Assim, o fato de, nos países onde ela se manifestou pela primeira vez como epidemia, a AIDS ser transmitida basicamente por contatos heterossexuais não impediu que guardiães da moral pública, como Jesse Helms e Norman Podhoretz, a apresentassem como um castigo dirigido especialmente (e merecidamente) aos homossexuais do mundo ocidental, enquanto outras celebridades da era Reagan, como Pat Buchanan, fazem pronunciamentos sobre "a AIDS e a falência moral", e Jerry Falwell propõe o diagnóstico genérico de que "a AIDS é a condenação divina de uma sociedade que não vive conforme os mandamentos de Deus". O que causa espanto não é a epidemia de AIDS estar sendo explorada desse modo, e sim o fato de que esse tipo de retórica bombástica tem emanado

---

* Pregador e escritor puritano da Nova Inglaterra (1663-1728). (N. T.)

apenas de um grupo tão previsível de fanáticos; o discurso oficial sobre a AIDS invariavelmente adverte contra a intolerância.

As afirmações dos que pretendem falar em nome de Deus podem, de modo geral, ser facilmente explicadas como a tradicional retórica do discurso sobre as doenças sexualmente transmissíveis — desde as fulminações de Cotton Mather até as recentes declarações de dois destacados religiosos brasileiros, o cardeal-arcebispo de Brasília, d. José Falcão, para quem a AIDS é "consequência da decadência moral", e o cardeal-arcebispo do Rio de Janeiro, d. Eugênio Sales, que vê na AIDS ao mesmo tempo um "castigo de Deus" e "a vingança da natureza". Mais interessante é o caso dos leigos que vociferam esse tipo de invectiva, pois seus objetivos são mais complexos. As ideologias políticas autoritárias têm interesse em promover o medo, a ideia de que alienígenas estão prestes a assumir o controle — e para elas as doenças são um prato cheio. As epidemias normalmente dão origem a propostas no sentido de se proibir a entrada de estrangeiros, imigrantes. E a propaganda xenófoba sempre representa o imigrante como portador de doenças (no final do século XIX: cólera, febre amarela, febre tifoide, tuberculose). Era de se esperar que a figura política que, na França, representa as posições nativistas e racistas mais extremadas, Jean-Marie Le Pen, tentasse adotar a estratégia de fomentar o medo desse novo perigo de origem estrangeira, afirmando que a AIDS é não apenas infecciosa, mas também contagiosa, exigindo que o exame de HIV seja obrigatório em todo o país e que todos os portadores do vírus sejam postos em quarentena. E a AIDS caiu do céu para o atual regime sul-africano, cujo ministro das Relações Exteriores declarou recentemente, a propósito da incidência da doença em mineiros importados de países vizinhos de população integralmente negra: "Os terroristas agora estão nos atacando com uma arma mais terrível do que o marxismo: a AIDS".

A epidemia de AIDS constitui uma projeção ideal para a paranoia política do Primeiro Mundo. O chamado vírus da AIDS não apenas é o mais perfeito exemplo de invasor oriundo do Terceiro Mundo, como também serve para representar qualquer ameaça mítica. Aqui nos Estados Unidos, a AIDS até agora provocou menos reações claramente racistas do que na Europa, inclusive na União Soviética, onde a origem africana da doença é enfatizada. Nos Estados Unidos, a epidemia desperta sentimentos associados à ameaça do Segundo Mundo, tanto quanto serve como imagem de uma invasão vinda do Terceiro Mundo. Como era de se esperar, as personalidades públicas americanas que mais se dedicam a extrair lições morais da epidemia de AIDS, como Norman Podhoretz, são as mesmas que têm como tema preferido a ideia de que a nação está perdendo a vontade de conservar sua belicosidade, seus gastos em armamentos, sua postura firmemente anticomunista, e que veem por toda parte sinais do declínio da autoridade política e imperial dos Estados Unidos. As advertências sobre a "peste *gay*" fazem parte de uma crítica muito mais ampla, comum entre os antiliberais do Ocidente e muitos exilados do bloco soviético, a respeito da permissividade generalizada de nossos tempos: a diatribe já bem conhecida contra a atitude indulgente do mundo ocidental, com sua música vulgar e erótica, sua tendência a abusar das drogas, sua vida familiar desorganizada, que lhe minaram a força de vontade necessária para fazer frente ao comunismo. A AIDS é uma das principais preocupações daqueles que formulam suas propostas políticas como questões de psicologia social: de amor-próprio e autoconfiança nacionais. Embora esses especialistas em sentimentos negativos ressaltem que a AIDS é um castigo à perversão sexual, o ódio aos homossexuais não é seu único motivo — nem sequer o motivo principal. Mais importante ainda é a utilidade da AIDS para promover uma das principais atividades dos "neoconservadores", a *Kulturkampf* voltada contra tudo aquilo que é resumido (ainda que de modo impreciso) na expressão "os anos 60". Toda uma política da "vontade" — de intolerância, de paranoia, de medo da fraqueza política — se aproveitou dessa doença.

A AIDS serve com tanta perfeição para alimentar temores que vêm sendo cultivados há várias gerações com o fim de criar consensos — como o medo da subversão — e temores vindos à tona mais recentemente, de uma poluição incontrolável e de um fluxo inexorável de imigrantes do Terceiro Mundo, que nossa sociedade não poderia deixar de encará-la como algo que ameaça toda a civilização. E ao mesmo tempo que se acentua o valor metafórico da AIDS, fomentando-se os temores referentes à sua facilidade de transmissão, à iminência de sua difusão generalizada, nem por isso é afetada a convicção de que a doença é, acima de tudo, uma consequência de atos ilícitos (ou do atraso econômico e cultural). A ideia de que a AIDS vem castigar comportamentos divergentes e a de que ela ameaça os inocentes não se contradizem em absoluto. Tal é o poder, a eficácia extraordinária da metáfora da peste: ela permite que uma doença seja encarada ao mesmo tempo como um castigo merecido por um grupo de "outros" vulneráveis e como uma doença que potencialmente ameaça a todos.

No entanto, uma coisa é enfatizar a ameaça que a doença representa para todos (a fim de incitar o medo e confirmar os preconceitos), outra bem diferente é afirmar (a fim de diminuir os preconceitos e reduzir a estigmatização) que mais cedo ou mais tarde todos virão a ser afetados por ela, direta ou indiretamente. Recentemente, os criadores de mitos, sempre prontos a utilizar a AIDS para promover uma mobilização ideológica contra a divergência, recuaram das estimativas mais catastróficas referentes à difusão da doença. Agora são eles os que mais enfatizam que a doença *não* vai espalhar-se para "a população em geral", passando a denunciar a "histeria" em torno da AIDS. Por trás da publicidade excessiva que estaria sendo dada à doença, eles veem a intenção de fazer concessões aos membros de uma minoria poderosa, aceitando a doença "deles" como "nossa" — mais uma prova da influência nefasta dos valores "liberais" e do declínio espiritual da América. Segundo esses criadores de mitos antiliberais, fazer com que a AIDS seja problema de todos, e portanto um assunto a respeito do qual todos devem informar--se, tem o efeito de subverter nossa compreensão da diferença entre "nós" e "eles" — mais ainda, de absolver "eles", ou ao menos de tornar irrelevantes os juízos morais a respeito "deles". (Essa retórica continua a identificar a doença quase exclusivamente com o homossexualismo, especificamente com a prática do coito anal.) "Será que a América se tornou um país em que não é permitido discutir os Dez Mandamentos em sala de aula, mas o professor tem obrigação de ensinar maneiras de praticar a sodomia com segurança?", pergunta Pat Buchanan, protestando contra a proposta "insensata" contida no recente relatório da comissão presidencial a respeito da epidemia, presidida pelo almirante Watkins, no sentido de punirem-se os casos de discriminação contra aidéticos. O alvo principal agora não é mais a doença, e sim os apelos da parte da maioria das autoridades no sentido de "pôr de lado os preconceitos e temores em favor da compaixão" (palavras do relatório Watkins), que indicariam estar nossa sociedade perdendo o poder (ou a vontade) de punir e segregar pessoas por meio de juízos de valor referentes ao comportamento sexual.

Mais do que o câncer, e de modo semelhante à sífilis, a AIDS parece ter o poder de alimentar fantasias sinistras a respeito de uma doença que assinala vulnerabilidades individuais tanto quanto sociais. O vírus invade o organismo; a doença (ou, na versão mais recente, o medo da doença) invade toda a sociedade. No final de 1986, o presidente Reagan afirmou que a AIDS estava se espalhando — "insidiosamente", é claro — "por toda a nossa sociedade, de alto a baixo".[10] Mas a AIDS, embora sirva como pretexto para insinuações sinistras a respeito do organismo social, até agora não foi utilizada de modo eficaz como metáfora política para designar os inimigos internos, nem mesmo na França, onde a AIDS — *le sida*, em francês — foi logo acrescentada ao repertório de invectivas políticas. Le Pen referiu-se a alguns de seus adversários como *sidatiques*, e o polemista antiliberal Louis Pauwels disse que os estudantes secundários franceses que fizeram greve no ano passado [1987] estavam sofrendo de "AIDS mental" (*sont atteint d'un sida mental*). A AIDS também não se revelou uma metáfora muito útil para designar as forças maléficas da política internacional. É bem verdade que uma vez Jeane Kirkpatrick não resistiu à tentação de comparar o terrorismo internacional à AIDS, mas essas imagens são raras — talvez porque a metáfora do câncer tenha se revelado tão mais fecunda para esse fim.

Isso não quer dizer que a AIDS não esteja sendo usada em comparações absurdas, mas sim que ela tem um potencial metafórico diferente do potencial do câncer. Quando o protagonista do filme de Alain Tanner *La vallée fantôme* (1987), um diretor de cinema, afirma que "o cinema é como um câncer" e depois se corrige, dizendo: "Não, é infeccioso, é mais como a AIDS", a comparação parece exagerada e forçada, além de constituir claramente uma subutilização da AIDS. Não é o fato de ser infecciosa, e sim o de permanecer latente no organismo, que oferece uma utilização mais específica da AIDS como metáfora. Assim, o escritor palestino Anton Shammas, no semanário *Kol Ha'ir*, publicado em Jerusalém, referiu-se recentemente à Declaração de Independência de 1948, num surto de fantasia médica, sexual e política, da seguinte maneira:

> a AIDS do "Estado Judaico na Terra de Israel", que após um longo período de incubação gerou o Gush Emunim e [...] o rabino Meir Kahane. Foi aí que tudo começou, e é aí que tudo vai acabar. A AIDS, lamento dizê-lo, apesar de minha solidariedade com os homossexuais, afeta principalmente os monoeróticos, e um Estado judaico mononacional contém, por definição, as sementes de sua própria destruição: o colapso do sistema imunológico político a que damos o nome de democracia. [...] Rock Hudson, que já foi tão belo quanto um *palmachnik*, agora está morrendo, muito depois da dissolução do Palmach. O Estado de Israel (para os judeus, é claro) já foi mesmo uma beleza. [...]

Mais promissor ainda do que a ideia de latência é o potencial da AIDS como metáfora da contaminação e da mutação. O câncer continua sendo usado como metáfora para referir-se a coisas temíveis ou condenáveis, muito embora a doença seja menos temida do que antes. Se a AIDS terminar sendo utilizada para fins semelhantes, será menos por ser ela invasora (uma característica que tem em comum com o câncer), ou mesmo por ser infecciosa, mas por causa da imagística específica que se desenvolveu em torno do vírus.

A virologia fornece todo um novo repertório de metáforas medicinais que não dependem da AIDS em particular, mas que assim mesmo reforçam a mitologia sobre ela. Foi muito antes da AIDS que William Burroughs afirmou, em tom de oráculo, e Laurie Anderson repetiu, que "a linguagem é um vírus". E a explicação viral é invocada cada vez mais. Até recentemente, a maioria das infecções virais conhecidas manifestava seus efeitos rapidamente, como a raiva e a gripe. Mas com a expansão da categoria dos vírus de ação lenta, a lista está aumentando. Muitas doenças progressivas e invariavelmente fatais do sistema nervoso central, algumas doenças degenerativas do cérebro capazes de se manifestar na velhice e as chamadas doenças de autoimunização agora estão sendo encaradas como possivelmente causadas por vírus lentos. (E continuam a surgir dados que indicam que ao menos alguns tipos de câncer humano são de origem virótica.) A ideia de conspiração se exprime naturalmente na imagem do vírus implacável, insidioso, infinitamente paciente. Ao contrário da bactéria, um organismo relativamente complexo, o vírus é concebido como uma forma de vida "extremamente primitiva". Ao mesmo tempo, suas atividades são muito mais complexas do que as descritas pelos modelos de infecção bacteriana. O vírus não é apenas um agente da infecção, da contaminação. Ele transporta "informação" genética, ele é capaz de transformar uma célula. E em muitos casos o próprio vírus evolui. Enquanto o vírus da varíola parece permanecer constante há séculos, os vírus da gripe evoluem tão depressa que as vacinas devem ser modificadas todos os anos para compensar as mudanças sofridas pelos capsídeos dos vírus.[11] O vírus ou, mais exatamente, os vírus que se supõe serem os causadores da AIDS são ao menos tão mutáveis quanto os da gripe. Aliás, a palavra "vírus" se tornou sinônimo de "mudança". Linda Ronstadt, ao explicar recentemente por que prefere cantar música folclórica mexicana em vez de rock, observou: "Nossa única tradição na música contemporânea é a mudança. Mutação, como um vírus [...]".

Se a ideia de "peste" ainda tem futuro como metáfora, é através da noção de vírus, cada vez mais difundida. (É possível que, no futuro, nenhuma doença causada por bacilos venha a ser encarada como uma peste.) A própria informação, agora inextricavelmente associada aos poderes do computador, está sendo ameaçada por algo comparado a um vírus. Programas predadores, chamados de vírus de software, agem de modo considerado semelhante ao comportamento dos vírus biológicos (capazes de capturar o código genético de partes de um organismo e realizar transferências de material genético estranho). Esses programas, colocados de propósito num disquete a ser utilizado num computador ou introduzidos quando o computador está se comunicando com outros computadores através de uma linha telefônica ou rede de dados, fazem cópias de si próprios no sistema operacional do computador. Como os vírus biológicos, eles não dão nenhum sinal imediato de que foi danificada a memória do computador, o que dá tempo ao programa "contaminado" para se infiltrar em outros computadores. Essas metáforas saídas da virologia, em parte por causa da onipresença do assunto AIDS, começam a surgir por toda parte. (O vírus que destruiu uma quantidade considerável de dados no centro de computação dos alunos da Lehigh University, em Bethlehem, Pensilvânia, em 1987, recebeu o nome de PC AIDS. Na França, os especialistas já falam do problema de *le sida informatique*.) E tais metáforas têm o efeito de reforçar a sensação de que a AIDS é onipresente.

Talvez não deva surpreender o fato de que o mais novo fator de transformação do mundo moderno, a informática, esteja utilizando metáforas extraídas de nossa mais recente doença transformadora. Também não admira que as descrições do processo de infecção viral agora utilizem a linguagem da era do computador, como quando se diz que o vírus produz "cópias de si próprio". Além das descrições mecanicistas, a maneira como os vírus são caracterizados de modo animista — como uma ameaça à espreita, mutável, furtiva, biologicamente inovadora — reforça a ideia de que uma doença pode ser algo engenhoso, imprevisível, inaudito. Essas metáforas ocupam posição central nas ideias a respeito da AIDS, que a distinguem de outras enfermidades, como o câncer, que já foram encaradas como pestes. Pois embora os temores que a AIDS representa sejam antigos, o fato de ela ser uma doença inteiramente nova, o que constitui um evento inesperado — uma nova condenação, por assim dizer —, a torna ainda mais terrível.

7

> Julgam uns que nenhuma moléstia é nova, e outros que muitas antigas já não existem; e que as consideradas novas ainda terão seu tempo: entretanto, a misericórdia de Deus dispersou a grande variedade de doenças, em vez de despejá-las todas num único país: umas podem ser novas em um, sendo velhas em outros. Novas descobertas na Terra acarretam descobertas de novas doenças [...] e se Ásia, África e América contribuíssem cada qual com seu rol, a boceta de Pandora certamente haveria de crescer, e teríamos uma singular patologia.
>
> *Sir* Thomas Browne, "Carta a um amigo, por ocasião da morte de seu amigo íntimo"

EVIDENTEMENTE, É POUCO PROVÁVEL que a AIDS, identificada no início da década de 1980, seja de fato uma doença nova. É bem mais provável que o vírus exista há muito tempo, e não apenas na África, embora a doença só recentemente (e na África) tenha atingido o nível de epidemia. Mas para a consciência geral, *é* mesmo uma doença nova, como também o é para a medicina: a AIDS assinala um momento decisivo nas atitudes atuais em relação às doenças e à medicina, bem como à sexualidade e às catástrofes. Até então, a medicina vinha sendo encarada como uma antiquíssima campanha militar, agora se aproximando de sua fase final e da vitória definitiva. O surgimento de uma nova doença epidêmica, quando há várias décadas vigorava a convicção de que tais calamidades eram coisa do passado, alterou inevitavelmente o status da medicina. O advento da AIDS deixou claro que as doenças infecciosas estão longe de ter sido derrotadas, e que seu repertório não se esgotou.

A medicina modificou os costumes; a doença está forçando

uma volta aos costumes do passado. Os anticoncepcionais e a convicção, promovida pela medicina, de que todas as doenças sexualmente transmissíveis (bem como quase todas as doenças infecciosas) eram facilmente curáveis tornaram possível encarar a sexualidade como uma aventura sem consequências. Agora a AIDS obriga as pessoas a verem a sexualidade como algo que pode vir a ter a mais terrível consequência: o suicídio. Ou o assassinato. (Houve um ensaio geral de transformação da sexualidade em algo perigoso quando se difundiu o pânico a respeito do herpes nos Estados Unidos no início da década de 1980 — e, na maioria dos casos, o herpes é apenas algo de feio, que desqualifica o indivíduo como objeto do desejo.) O medo da AIDS impõe a um ato cujo ideal é a experiência de puro presente (e criação do futuro) uma relação com o passado que não pode ser ignorada, a menos que se queira pôr em risco a própria vida. Agora a sexualidade não mais retira da esfera do social, ainda que por um momento apenas, os que a ela se entregam. Não pode mais ser encarada simplesmente como uma relação a dois: é toda uma cadeia, uma cadeia de transmissão, vinda do passado. "Assim, lembre-se de que quando uma pessoa tem relações sexuais com um parceiro, não é só com esse parceiro que ela está tendo relações, e sim com todas as outras pessoas que tiveram relações com esse parceiro nos últimos dez anos", afirmou, num pronunciamento cuidadosamente neutro quanto ao sexo das pessoas envolvidas, o secretário da Saúde e Serviços Humanos, o dr. Otis R. Bowen, em 1987. A AIDS apresenta todas as formas de sexualidade que não a união monogâmica estável como promíscuas (e portanto perigosas), assim como divergentes, já que todas as relações sexuais são, indiretamente, também homossexuais.

O medo da sexualidade é o novo registro, patrocinado pela doença, do universo de medo no qual todos vivem agora. A fobia do câncer nos ensinou a temer o meio ambiente poluente; agora temos medo de pessoas poluentes, consequência inevitável da ansiedade causada pela AIDS. Medo da taça da comunhão na missa, medo da sala de cirurgia: medo do sangue contaminado, seja o sangue de Cristo ou o do próximo. A vida — o sangue, os fluidos sexuais — é ela própria o veículo da contaminação. Esses fluidos são potencialmente letais: melhor abster-se deles. Algumas pessoas estão estocando seu próprio sangue, para uso futuro. O modelo de comportamento altruístico de nossa sociedade, a doação anônima de sangue, foi comprometido, pois todos encaram com desconfiança o sangue anônimo recebido. A AIDS não apenas tem o efeito infeliz de reforçar a visão moralista da sexualidade, que caracteriza a sociedade americana, como também fortalece ainda mais a cultura do interesse próprio, geralmente elogiada com o nome de "individualismo". O isolamento individual agora recebe mais um estímulo, pois passa a ser considerado como simples medida de prudência.

Todas as epidemias de rápida difusão, mesmo aquelas em que não há suspeita de transmissão sexual nem é atribuída qualquer culpa aos doentes, dão origem a práticas de distanciamento e exclusão mais ou menos semelhantes. Durante a pandemia de gripe de 1918-9 — a gripe é uma doença altamente contagiosa, causada por um vírus transmissível através do aparelho respiratório —, as pessoas eram aconselhadas a evitar apertos de mão e a cobrir a boca com um lenço, ao beijar. Os policiais tinham ordem de colocar máscaras de gaze antes de entrar em casas onde houvesse doentes, tal como fazem hoje muitos policiais quando vão prender alguém nos bairros mais miseráveis, pois nos Estados Unidos a AIDS é cada vez mais uma doença da população urbana de baixa renda, particularmente negros e hispânicos. Muitos barbeiros e dentistas usavam máscaras e luvas, tal como fazem agora os dentistas. Mas a grande epidemia de gripe, que matou 20 milhões de pessoas, durou quinze meses. No caso de uma epidemia em câmara lenta, essas mesmas precauções ganham vida própria. Passam a fazer parte dos costumes da sociedade, em vez de ser apenas práticas adotadas durante um breve período de emergência, e em seguida abandonadas.

Numa epidemia em que não há perspectivas imediatas de se descobrir uma vacina, muito menos uma cura, a prevenção desempenha papel importante. Mas as campanhas que visam evitar a propagação de doenças encontram muitas dificuldades quando se trata de doenças venéreas. Nos Estados Unidos, as campanhas de saúde sempre relutaram em divulgar informações referentes a práticas sexuais mais seguras. O guia para escolas, distribuído no final de 1987 pelo Departamento de Educação dos Estados Unidos, praticamente se recusa a falar sobre maneiras de reduzir o risco, propondo a abstinência como a melhor forma de se proteger da AIDS, do mesmo modo como os soldados, durante a Primeira Guerra Mundial, eram informados de que a castidade era a única proteção contra a sífilis, além de ser uma obrigação patriótica daqueles que combatiam os boches.[12] Julga-se que falar sobre preservativos e agulhas esterilizadas equivale a sancionar e incentivar relações sexuais ilícitas e o uso de drogas proibidas. (O que, até certo ponto, é verdade. Informar as pessoas a respeito de maneiras de evitar a AIDS de fato implica uma atitude de reconhecimento — e portanto de tolerância — em relação à existência de uma variedade de comportamento sexual que não pode ser reprimida.) As sociedades europeias, menos comprometidas com a hipocrisia em relação à sexualidade no nível dos pronunciamentos públicos, tendem a não propor a castidade como preventivo. "Cuidado. AIDS" ou: "AIDS. Não morra de ignorância". O significado específico dessas mensagens generalizantes, que há alguns anos vêm sendo divulgadas em cartazes e pela televisão em toda a Europa ocidental, é: use preservativo. Mas há também um significado maior — tenha cuidado, informe-se —, que facilitará a aceitação nos EUA desse tipo de mensagem de interesse público. Se uma coisa é *dita* repetidamente, já se está a meio caminho de transformá-la em realidade. No caso em questão, repetir é instilar a consciência do risco, a necessidade de prudência, antes e acima de qualquer recomendação específica.

Naturalmente, entre a eterna hipocrisia oficial e o libertinismo cada vez mais em moda nas últimas décadas, há uma grande distância. A ideia de que as doenças sexualmente transmissíveis não eram graves chegou ao apogeu na década de 1970, época em que muitos homossexuais masculinos passaram a se considerar membros de uma espécie de grupo étnico, cujo costume folclórico era a voracidade sexual, e as instituições da vida homossexual nas cidades transformaram-se num sistema de consumo sexual, de velocidade, eficiência e volume inauditos. O medo da AIDS torna obrigatória a moderação do apetite sexual, e não apenas para os homossexuais. Nos Estados Unidos, o comportamento sexual anterior a 1981 agora parece, para a classe média, parte de uma era de inocência perdida — onde inocência significa licenciosidade, é claro. Após duas décadas de esbanjamento sexual, de especulação sexual, de inflação sexual, encontramo-nos no início de uma época de depressão sexual. Há quem compare a cultura sexual da década de 1970, vista da década de 1980, à era do *jazz* da década de 1920, relembrada após o *crack* de 1929.

Há todo um conjunto de mensagens enviadas por nossa sociedade, cujo teor é: consuma; cresça; faça o que você quiser; divirta-se. O próprio funcionamento do sistema econômico, que tornou possíveis essas liberdades sem precedentes, cujas formas mais preciosas são a mobilidade física e a prosperidade material, exige que as pessoas sejam estimuladas a desafiar os limites. O apetite *tem* de ser imoderado. A ideologia do capitalismo faz com que todos nós nos tornemos peritos em liberdade — na expansão ilimitada das possibilidades. Praticamente tudo que se propõe é apresentado, acima de tudo ou adicionalmente, como um aumento de liberdade. Não todas as liberdades, é claro. Nos países ricos, a liberdade vem se identificando cada vez mais com a "realização pessoal" — uma liberdade desfrutada ou exercida quando o indivíduo está sozinho (ou *como* se estivesse sozinho). Essa é a origem de boa parte do atual discurso sobre o corpo, reimaginado como o instrumento com o qual se realizam diversos programas de autoaperfeiçoamento, de intensificação dos poderes individuais. Dados a necessidade de consumir e o valor praticamente inquestionável atribuído à autoexpressão, a sexualidade fatalmente teria de se tornar, para alguns, uma opção de consumo: o exercício de uma liberdade, de uma mobilidade cada vez maior, o rompimento de limites. A sexualidade recreativa e sem riscos, longe de ser uma invenção da subcultura homossexual masculina, é uma reinvenção inevitável da cultura do capitalismo, garantida pela medicina, ainda por cima. O advento da AIDS parece ter mudado, de modo irrevogável, toda essa situação.

A AIDS vem reforçar as mensagens complementares cada vez mais ouvidas nessa sociedade por pessoas acostumadas a procurar o prazer, que em números crescentes estão se interessando por programas de autocontrole e autodisciplina (regimes, ginástica). Controle seus apetites; cuide-se; não se solte demais. Antes, já começavam a esboçar-se limites a certos apetites, em nome da saúde ou da criação de uma aparência física ideal — limites voluntários, o exercício de uma liberdade. A catástrofe da AIDS aponta para a *necessidade* imediata de limites, referentes tanto ao corpo quanto à consciência. Mas a reação à AIDS é mais do que uma resposta apropriada de medo a um perigo concreto. Ela manifesta também um desejo positivo, o desejo de limites mais definidos ao comportamento individual. Há uma tendência geral em nossa cultura, a sensação de se estar chegando ao fim de uma era, que é reforçada pela AIDS: uma exaustão, sentida por muitos, dos ideais puramente seculares — ideais que pareciam incentivar o libertinismo, ou ao menos não proporcionar nenhuma inibição coerente a ele —, na qual a reação à AIDS ocupa um lugar. O comportamento que está sendo estimulado pela AIDS faz parte de todo um processo maior, encarado com certo alívio, de volta às "convenções", como a volta à figura e fundo, tonalidade e melodia, enredo e personagem, e tantas outras atitudes alardeadas de rejeição do difícil modernismo nas artes. A redução do imperativo da promiscuidade na classe média, o aumento do ideal de monogamia, de uma vida sexual prudente, são tão acentuados numa cidade como Estocolmo, onde o número de casos de AIDS é mínimo, quanto em Nova York, onde se pode de fato dizer que a doença atingiu proporções de epidemia. A reação à AIDS, embora em parte seja perfeitamente racional, vem dar força a um amplo questionamento de muitos dos ideais da modernidade esclarecida, um questionamento que já vinha ganhando intensidade durante a década de 1970; e o novo realismo sexual chega com a redescoberta da música tonal, de Bouguereau, de uma carreira num banco de investimentos e do casamento religioso.

O pânico crescente a respeito dos riscos da sexualidade recreativa e comercializada não deverá diminuir o atrativo de outras formas de consumo: em Hamburgo, o prédio antes ocupado pelo Eros Center deverá encher-se de butiques. As relações sexuais só ocorrerão após reflexão. O consumo rotineiro de drogas que aumentam a energia para o trabalho mental e o bate-papo (outra coisa que aumentou durante a década de 1970 foi o consumo da cocaína no mundo burguês) também atuou no sentido de preparar o campo para o neocelibato e o declínio da espontaneidade sexual entre as classes instruídas, na década de 1980. As máquinas fornecem novas formas populares de inspirar o desejo em condições de segurança e mantê-lo restrito à esfera do mental tanto quanto possível: a lascívia comercializada via telefone (patrocinada, no caso da França, pelo próprio Ministério das Telecomunicações), que oferece uma versão do sexo promíscuo e anônimo sem troca de fluidos. E as restrições ao contato atingiram também o mundo da informática. Aconselham-se os usuários de computadores a encarar cada novo software como um "portador potencial" de um vírus. "Jamais ponha um disquete em seu computador sem verificar sua procedência." Os chamados "programas-vacina" atualmente à venda proporcionam certo grau de proteção; mas a única maneira segura de se proteger do perigo dos vírus de computador, dizem os peritos, é não trocar programas e dados. A cultura do consumo pode até terminar sendo estimulada pelos conselhos dados aos consumidores de produtos e bens de toda espécie, no sentido de serem mais cuidadosos e mais egoístas. Pois essas ansiedades tornarão necessária a replicação ainda maior de produtos e serviços.

8

TODA EPIDEMIA PARTICULARMENTE TEMÍVEL provoca uma grita contra a indulgência, a tolerância, que passa a ser encarada como frouxidão, fraqueza, desordem, corrupção: doença. Exige-se que as pessoas sejam submetidas a "exames", que sejam isolados os doentes e os suspeitos de estar doentes ou transmitir a doença, que sejam levantadas barreiras contra a contaminação — real ou imaginária — representada pelos estrangeiros. As sociedades administradas como quartéis, tais como a China (com um número ínfimo de casos detectados) e Cuba (com um número significativo de pessoas já doentes), estão reagindo mais rapidamente e de modo mais peremptório. A AIDS é o cavalo de Troia de todos: seis meses antes das olimpíadas de 1988, o governo sul-coreano anunciou que iria distribuir gratuitamente preservativos para todos os participantes estrangeiros. "Essa é uma doença totalmente estrangeira, e a única maneira de impedir que ela se espalhe é pôr fim aos contatos sexuais entre indianos e estrangeiros", declarou o diretor-geral do Conselho de Pesquisas Médicas do governo da Índia, reconhecendo desse modo que a população do país — quase 1 bilhão de habitantes — está totalmente desprotegida, pois não há no momento nem recursos humanos nem instalações hospitalares voltadas especificamente para a AIDS, na Índia. Sua proposta de proibir o contato sexual entre indianos e estrangeiros, sob pena de multas e detenções, é tão impraticável como meio de deter a difusão das doenças sexualmente transmissíveis quanto as propostas mais comuns de quarentena — ou seja, detenção. Quando, durante a Primeira Guerra Mundial, cerca de 30 mil mulheres americanas, prostitutas ou suspeitas de praticar a prostituição, foram confinadas em campos de detenção cercados de arame farpado, com o objetivo declarado de controlar a propagação da sífilis entre os recrutas do exército, a taxa de infecção entre os militares não sofreu a menor alteração — do mesmo modo que o encarceramento de dezenas de milhares de americanos de ascendência japonesa, considerados traidores e espiões em potencial, durante a Segunda Guerra Mundial, provavelmente não teve o efeito de impedir um único ato de espionagem ou sabotagem. Isso, porém, não impede que a AIDS venha a motivar propostas semelhantes, nem que tais propostas venham a ser defendidas, e não apenas pelas pessoas em quem tal atitude já era de se esperar. Se as autoridades sanitárias até agora têm se comportado como verdadeiros baluartes de sensatez e racionalidade, recusando-se a sequer considerar a possibilidade de formular programas de quarentena e detenção, isso talvez se deva em parte ao fato de as dimensões da crise ainda parecerem limitadas e a evolução da doença ainda não estar clara.

As dúvidas a respeito da propagação da doença — até que ponto ela vai se espalhar, quando isso vai acontecer e quem será afetado — continuam a ser as questões centrais no discurso público a respeito da AIDS. Será que a doença, à medida que se propagar pelo mundo, permanecerá restrita a populações marginais — os chamados grupos de risco, e em seguida boa parte das populações urbanas mais pobres? Ou será que vai terminar virando uma pandemia típica, afetando regiões inteiras? Na verdade, ambas as posições estão sendo afirmadas simultaneamente. Uma onda de declarações e artigos afirmando que a AIDS ameaça a todos é logo seguida de uma onda de artigos que garantem que a AIDS é uma doença "deles", e não "nossa". No início de 1987, o secretário da Saúde e Serviços Humanos dos Estados Unidos previu que a epidemia mundial de AIDS viria a ser muito pior que a Peste Negra — a maior epidemia de que se tem notícia, eliminando entre um terço e metade da população da Europa. No final do mesmo ano, ele declarou: "Não se trata de uma epidemia de grandes proporções e de ampla disseminação entre heterossexuais, ao contrário do que muitos pensam". Ainda mais surpreendente do que o caráter cíclico do discurso público sobre a AIDS é a facilidade com que tantas pessoas preveem as piores catástrofes imagináveis.

Nos Estados Unidos e na Europa ocidental, repetidamente se afirma que a "população em geral" não tem o que temer. Mas por "população em geral" pode-se referir tanto aos heterossexuais quanto aos brancos. Todo mundo sabe que um número desproporcional de negros está contraindo AIDS, assim como há um número desproporcional de negros nas forças armadas e um número tremendamente desproporcional nas prisões. "O vírus da AIDS não pratica discriminações com base em sexo, raça ou cor" — foi o slogan adotado recentemente por uma campanha de levantamento de fundos da Fundação Americana de Pesquisas sobre a AIDS. Na verdade, a frase reafirma de modo subliminar aquilo que se pretende negar: o fato de que a AIDS é uma doença que, nessa parte do mundo, atinge minorias raciais e sexuais. E quando a Organização Mundial de Saúde divulga a previsão estarrecedora de que, a menos que se chegue a uma vacina muito mais depressa do que parece provável no momento, até o ano 2000, ou seja, em menos de doze anos, 25 milhões de pessoas terão morrido ou estarão morrendo de AIDS, subentende-se que esses milhões de aidéticos serão, em sua maioria, africanos.

Rapidamente, a AIDS tornou-se um acontecimento global — discutido não apenas em Nova York, Paris, Rio e Kinshasa, mas também em Helsinque, Buenos Aires, Pequim e Cingapura —, quando estava longe de ser a principal causa de mortalidade na África, muito menos no mundo. Há doenças famosas, como há países famosos, os quais não são necessariamente os mais populosos. Não é verdade que a AIDS só ficou famosa porque também afeta os brancos, como afirmam com sarcasmo muitos africanos. Mas certamente é verdade que se a AIDS fosse apenas uma doença africana, ainda que matasse milhões de pessoas, pouca gente fora da África estaria se preocupando com ela. Seria uma daquelas catástrofes "naturais", como a fome, que periodicamente devastam países pobres e superpovoados, e a respeito das quais os habitantes dos países ricos julgam não poder fazer nada. Como é um acontecimento mundial — ou seja, que afeta o Ocidente —, a AIDS não é considerada apenas uma catástrofe natural: ela ganha todo um significado histórico. (Faz parte da autodefinição do Primeiro Mundo — a Europa e os países neoeuropeus — a ideia de que só aí as catástrofes fazem história e provocam transformações, enquanto nos países pobres da África e da Ásia as desgraças fazem parte de um ciclo, sendo portanto algo assim como um aspecto da natureza.) Também não é verdade que o fenômeno da AIDS veio a ser tão divulgado porque, como afirmam alguns, de início a doença atingia um grupo de pessoas que eram todos homens, quase todos brancos, muitos deles instruídos, que sabiam se exprimir, mobilizar a opinião pública e fazer com que recursos fossem canalizados para a doença. Se a AIDS ocupa parte tão grande de nossa consciência, é por ter sido interpretada como foi: o modelo exato de todas as catástrofes que as populações privilegiadas julgam que as esperam.

O que os biólogos e as autoridades sanitárias preveem é coisa muito pior do que se pode imaginar, e do que a sociedade e a economia podem suportar. Nenhuma autoridade responsável tem a menor esperança de que as economias e os sistemas de saúde dos países africanos sejam capazes de enfrentar a disseminação da doença prevista para o futuro próximo — e diariamente lemos estimativas assustadoras dos custos que a AIDS representa para o país onde ocorreu o maior número de incidências, os Estados Unidos. Quantias inconcebíveis são apresentadas como o custo de um programa mínimo de assistência às pessoas que deverão contrair a doença nos próximos anos. (Tais estimativas partem do pressuposto de que a doença não vai atacar a "população em geral", pressuposto que tem sido muito discutido pela comunidade médica.) Nos Estados Unidos, e não só nos Estados Unidos, fala-se em emergência nacional, "possivelmente a sobrevivência da nação". Afirmou um editorial do *New York Times* no ano passado [1987]: "Todos nós sabemos a verdade, todos. Estamos sendo ameaçados por uma peste sem precedentes em nossa nação. Podemos fazer de conta que ela não existe, ou que só existe para os outros, e levar nossas vidas como se não soubéssemos [...]". E há um cartaz francês que mostra uma massa negra, gigantesca, semelhante a um óvni, pairando sobre a forma hexagonal da França, escurecendo-a com raios negros semelhantes a patas de aranha. Acima da imagem, lê-se: "Depende de cada um de nós apagar esta sombra" (*Il dépend de chacun de nous d'effacer cette ombre*). E embaixo: "A França não quer morrer de AIDS" (*La France ne veut pas mourir du sida*). Esses apelos à população geral no sentido de se mobilizar para enfrentar uma ameaça sem precedentes aparecem periodicamente em toda sociedade de massas. Também é típico das sociedades modernas tais apelos serem formulados em termos muito gerais, assim como a reação a eles ser muito inferior ao que se julga necessário para enfrentar a ameaça à nação. Esse tipo de retórica tem vida própria: serve para alguma coisa se ao menos consegue manter em circulação o ideal de prática comunitária, unificadora, negada precisamente pela acumulação de bens e pelos entretenimentos isoladores impostos aos cidadãos numa sociedade de massa moderna.

Afirma-se que o que está em jogo é a sobrevivência da nação, da sociedade civilizada, do próprio mundo — tradicionais justificativas para a repressão. (Numa emergência, tornam-se necessárias "medidas drásticas" etc.) É precisamente esse o efeito da retórica fim do mundo provocada pela AIDS. Mas há algo mais: ela propõe uma contemplação estoica da catástrofe, que acaba entorpecendo a consciência. O eminente historiador da ciência na Universidade de Harvard, Stephen Jay Gould, afirmou que a pandemia de AIDS talvez possa ser colocada, ao lado dos armamentos nucleares, "como o maior perigo de nossa época". Mas mesmo que a doença mate um quarto da espécie humana — coisa que ele julga possível — "ainda vai sobrar gente bastante para começar tudo de novo". Desprezando as jeremiadas dos moralistas, um cientista racional e humanitário propõe o consolo mínimo: um apocalipse sem qualquer significado. A AIDS é um "fenômeno natural" e não um evento "dotado de significado moral", observa Gould; "sua propagação não encerra mensagem alguma". Sem dúvida, é moralmente monstruoso atribuir significado, no sentido de juízo moral, à propagação de uma doença infecciosa. Mas talvez não seja muito menos monstruoso propor que se encare com equanimidade tamanha hecatombe.

Boa parte do bem-intencionado discurso público de nosso tempo expressa o desejo de ser franco a respeito de um ou outro dos diversos perigos que talvez nos levem a uma catástrofe absoluta. E agora há mais um. Além da destruição dos oceanos, lagos e florestas; do crescimento demográfico incontrolável nos países mais pobres do mundo; de acidentes nucleares como o de Chernobyl; dos danos sofridos pela ozonosfera; da ameaça constante de conflito nuclear entre as superpotências; ou de um ataque nuclear perpetrado por algum país não controlado por nenhuma superpotência —, além de todos esses perigos, agora temos a AIDS. Ao nos aproximarmos do fim do milênio, talvez seja inevitável o crescimento de especulações apocalípticas. Ainda assim, não parece possível explicar as proporções a que chegaram as fantasias catastróficas em torno da AIDS apenas pela proximidade do ano 2000, ou pelo perigo concreto representado pela doença. Há também a necessidade de uma previsão apocalíptica específica para a sociedade "ocidental", e talvez mais ainda para os Estados Unidos. (Alguém observou que os Estados Unidos são um país com alma de igreja — uma igreja evangélica, dada a anunciar fins catastróficos e começos radicalmente novos.) A vontade de fazer previsões pessimistas reflete a necessidade de dominar o medo do que é considerado incontrolável. Exprime também uma cumplicidade imaginativa com o desastre. A sensação de mal-estar ou fracasso cultural dá origem à vontade de começar do zero, de fazer tábula rasa. Ninguém quer uma peste, é claro. Mas é bem verdade que seria uma oportunidade de começar de novo. E começar de novo é algo bem moderno, e bem americano, também.

É possível que a AIDS esteja tendo o efeito de nos acostumar ainda mais à ideia da destruição global, uma perspectiva à qual já fomos habituados pelos armamentos nucleares. Quanto maior a inflação da retórica apocalíptica, mais irreal se torna a perspectiva do apocalipse. Eis uma situação que se repete constantemente no mundo moderno: o apocalipse aproxima-se... e não chega a acontecer. E continua a aproximar-se. Pelo visto, estamos sofrendo de um dos tipos de apocalipse moderno. Temos um que não está acontecendo, cujo resultado permanece suspenso: os mísseis que descrevem órbitas em torno da Terra, com uma carga nuclear capaz de destruir todas as formas de vida sobre a Terra várias vezes sucessivamente, e que (até agora) não dispararam. E temos ainda aqueles que estão acontecendo, e no entanto não tiveram (até agora) as consequências mais temíveis — como a dívida astronômica do Terceiro Mundo, a superpopulação, os desastres ecológicos; e também os que acontecem e depois (segundo nos dizem) não aconteceram — como o colapso da bolsa de valores de outubro de 1987, que foi um *crack*, como o de outubro de 1929, e não foi. O apocalipse agora virou uma novela: não "Apocalipse agora", mas "Apocalipse de agora em diante". O apocalipse passou a ser um evento que está e não está acontecendo. Talvez alguns dos eventos mais temidos, como os danos irreversíveis ao meio ambiente, já tenham acontecido. Mas ainda não sabemos, porque os padrões mudaram. Ou porque ainda não conhecemos os índices apropriados para medir a extensão da catástrofe. Ou simplesmente por se tratar de uma catástrofe em câmara lenta. (Ou que dá a *impressão* de ser em câmara lenta, porque sabemos que está acontecendo, podemos prevê-la; e agora temos de esperar que ela aconteça, para que venha a se concretizar aquilo que julgamos saber.)

A vida moderna nos habitua a conviver com a consciência intermitente de catástrofes monstruosas, impensáveis — porém, conforme nos afirmam, bem prováveis. Cada acontecimento importante tem seu duplo, além de sua representação enquanto imagem (uma duplicação já antiga da realidade, que começou com a invenção da câmara fotográfica, em 1839). Ao lado da simulação fotográfica ou eletrônica dos eventos, temos também o cálculo de suas consequências eventuais. A realidade bifurcou-se, na coisa real e em sua versão alternativa, duas vezes. Temos o evento e sua imagem. E temos o evento e sua projeção. Mas como para as pessoas os eventos reais muitas vezes não parecem ter mais realidade do que as imagens, nossas reações a eventos do presente recorrem, para confirmá-los, a esboços mentais, acompanhados de cálculos apropriados, do evento em sua forma projetada, final.

A consciência do futuro é o hábito mental — bem como a corrupção intelectual — por excelência desse século, tal como a consciência histórica, conforme observou Nietzsche, transformou o pensamento do século XIX. A capacidade de avaliar o modo pelo qual as coisas evoluirão no futuro é o subproduto inevitável de uma compreensão mais sofisticada (quantificável, testável) dos processos, tanto sociais quanto científicos. A capacidade de projetar eventos futuros com certo grau de precisão ampliou a própria definição de poder, por ser ampla fonte de instruções a respeito da maneira de se lidar com o presente. Mas, na verdade, a capacidade de antever o futuro, antes associada à noção de progresso linear, transformou-se — com a aquisição de um volume de conhecimentos maior do que se poderia imaginar — numa visão da catástrofe. Cada processo é uma perspectiva que aponta para uma previsão apoiada em estatísticas. Por exemplo: o número agora... daqui a três anos, cinco anos, dez anos; e, naturalmente, no final do século. Tudo na história ou na natureza, capaz de ser encarado como um processo de mudança constante, pode ser visto como algo que caminha em direção a uma catástrofe. (Ou o insuficiente, cada vez menor — decréscimo, declínio, entropia —, ou o excessivo, maior do que podemos enfrentar ou absorver — crescimento incontrolável.) A maioria dos pronunciamentos dos peritos a respeito do futuro contribui para essa nova apreensão dupla da realidade — que vem somar-se à duplicidade, à qual já nos habituamos, criada pela abrangente duplicação em imagens de todas as coisas. Temos o evento que está acontecendo agora, e temos também aquilo que é pressagiado por ele: o desastre iminente, mas não real ainda, nem completamente apreensível.

Na verdade, são dois tipos de desastre. E um hiato entre eles, no qual a imaginação se confunde. A diferença entre a epidemia que temos agora e a pandemia que nos é prometida (pelas extrapolações estatísticas atuais) lembra a diferença entre as guerras que conhecemos, ditas "limitadas", e as guerras inconcebivelmente mais terríveis que poderiam vir a ocorrer, sendo as últimas (com todos os seus elementos de ficção científica) o tipo de atividade que as pessoas se habituaram a antever, como forma de entretenimento, em jogos eletrônicos. Pois além da epidemia real, com o inexorável acúmulo de vítimas fatais (estatísticas são divulgadas a cada semana, a cada mês, por organizações de saúde nacionais e internacionais), há um desastre qualitativamente diferente, muito maior, que acreditamos e não acreditamos que venha a acontecer. Nada se altera quando as estimativas mais apavorantes são temporariamente revistas e atenuadas, o que acontece com regularidade com as estatísticas especulativas divulgadas por burocratas da área de saúde e jornalistas. Tal como as previsões demográficas, provavelmente tão precisas, o teor geral da notícia é normalmente pessimista.

A proliferação de relatórios ou projeções de eventualidades apocalípticas, irreais (ou seja, inconcebíveis), tende a gerar uma variedade de reações que constituem maneiras de negar a realidade. Assim, na maioria das abordagens da questão da guerra nuclear, ser racional (assim se autoqualificam os peritos) significa não reconhecer a realidade humana, enquanto levar em conta emocionalmente até mesmo uma parte mínima do que está em jogo para a humanidade (que é o que fazem aqueles que se consideram ameaçados) significa insistir na exigência irrealista de que toda essa situação perigosa seja rapidamente desfeita. Essa divisão da atitude pública, em uma visão inumana e outra demasiadamente humana, é muito menos radical no caso da AIDS. Os peritos denunciam a estereotipagem do aidético e do continente onde, segundo se imagina, ela teve origem, enfatizando que a AIDS afeta populações muito mais amplas do que os grupos de risco iniciais e ameaça o mundo inteiro, não apenas a África.[13] Embora a AIDS, como era de se esperar, tenha se tornado uma das doenças mais carregadas de significado, como a lepra e a sífilis, há sem dúvida limites ao impulso de estigmatizar suas vítimas. O fato de a doença ser um veículo perfeito para os temores mais genéricos existentes a respeito do futuro tem, até certo ponto, o efeito de tornar irrelevantes as tentativas previsíveis de associar a doença a um grupo divergente ou um continente negro.

Assim como a questão da poluição industrial e a do novo sistema de mercados financeiros globais, a crise da AIDS aponta para o fato de que vivemos num mundo em que nada de importante é regional, local, limitado; em que tudo que pode circular acaba circulando, e todo problema é — ou está fadado a tornar-se — mundial. Circulam bens (inclusive imagens, sons e documentos, que circulam mais depressa, eletronicamente). O lixo circula: os rejeitos industriais tóxicos de St. Etienne, Hanover, Mestre e Bristol estão sendo despejados em cidadezinhas da costa da África ocidental. As pessoas circulam em números sem precedentes. E as doenças também. Desde as incontáveis viagens de avião dos ricos, a negócios ou a passeio, até as migrações de pobres das aldeias para as cidades, e, legalmente ou não, de um país para outro — toda essa mobilidade, esse inter-relacionamento físico (com a consequente dissolução de velhos tabus, sociais e sexuais) é tão vital para o pleno funcionamento da economia capitalista avançada, ou mundial, quanto o é a facilidade de transmissão de bens, imagens e recursos financeiros. No entanto, agora, esse maior inter-relacionamento espacial, característico do mundo moderno, não apenas pessoal mas também social, estrutural, tornou-se veículo de uma doença às vezes considerada uma ameaça à própria espécie humana; e o medo da AIDS faz parte de toda a atenção dada a outros desastres, subprodutos de uma sociedade avançada, particularmente aqueles que constituem exemplos da degradação do meio ambiente em escala mundial. A AIDS é um dos arautos distópicos da aldeia global, aquele futuro que já chegou e ao mesmo tempo está sempre por vir, e que ninguém sabe como recusar.

O fato de até mesmo um apocalipse poder se tornar parte do horizonte normal de expectativas constitui uma violência inaudita a nosso senso de realidade, a nossa humanidade. No entanto, é altamente desejável que determinada doença temível venha a ser considerada como algo comum. Até mesmo a doença mais carregada de significado pode vir a tornar-se apenas uma doença. Foi o que aconteceu com a lepra, embora cerca de 10 milhões de pessoas no mundo — fáceis de ignorar, já que quase todas vivem na África e no subcontinente indiano — sofram desse mal, agora denominado, como parte de um processo saudável de desdramatização, hanseníase (em homenagem ao médico norueguês que, há mais de cem anos, descobria o bacilo). É o que certamente há de ocorrer com a AIDS, quando se conhecer melhor a doença e, principalmente, quando se descobrir um tratamento para ela. No momento, muita coisa, em termos de experiência individual e política social, depende da disputa pela propriedade retórica da doença: do modo como ela é possuída, assimilada, nas argumentações e nos clichês. O antiquíssimo projeto, aparentemente inexorável, por meio do qual as doenças adquirem significados (uma vez que passam a representar os temores mais profundos) e estigmatizam suas vítimas é sempre algo que vale a pena contestar, e sem dúvida parece ter menos credibilidade no mundo moderno, entre as pessoas que querem ser modernas — o processo está sendo examinado agora. No caso desta doença, que produz tantos sentimentos de culpa e vergonha, a tentativa de dissociá-la desses significados, dessas metáforas, é particularmente liberadora, até mesmo consoladora. Mas para afastar as metáforas, não basta abster-se delas. É necessário desmascará-las, criticá-las, atacá-las, desgastá-las.

Nem todas as metáforas aplicadas às doenças e seus tratamentos são igualmente ofensivas e deformantes. A metáfora que estou mais interessada em aposentar, mais ainda depois do surgimento da AIDS, é a metáfora militar. Sua utilização inversa — o modelo médico do bem-estar público — provavelmente tem consequências ainda mais perigosas e extensas, pois ele não apenas fornece uma justificativa persuasiva para o autoritarismo, como também aponta implicitamente para a necessidade da repressão violenta por parte do Estado (equivalente à remoção cirúrgica ou ao controle químico das partes indesejáveis ou "doentes" do organismo político). Mas o efeito das imagens militares sobre a conceituação da doença e da saúde está longe de ser irrelevante. Elas provocam uma mobilização excessiva, uma representação exagerada, e dão uma contribuição de peso para o processo de excomunhão e estigmatização do doente.

A ideia de medicina "total" é tão indesejável quanto a de guerra "total". E a crise criada pela AIDS também nada tem de "total". Não estamos sendo invadidos. O corpo não é um campo de batalha. Os doentes não são baixas inevitáveis, nem tampouco são inimigos. Nós — a medicina, a sociedade — não estamos autorizados a combater por todo e qualquer meio... Em relação a essa metáfora, a metáfora militar, eu diria, parafraseando Lucrécio: que a guardem os guerreiros.

NOTAS

DOENÇA COMO METÁFORA [pp. 9-75]

1. O *Dictionaire de l'ancienne langue française*, de Godefroy, cita *Pratiqum* (1495), de Bernard de Gordon: *"Tisis, c'est une ulcere du polmon qui consume tout le corp"*.

2. A mesma etimologia é fornecida em dicionários franceses de uso corrente. *"La tubercule"* foi introduzido no século XVI por Ambrose Paré, do latim *tuberculum*, com o sentido de *"petite bosse"* (pequeno calombo). Na *Encyclopédie* de Diderot, o verbete sobre tuberculose (1765) cita a definição dada pelo médico inglês Richard Morton na sua *Phthisiologia* (1689): *"des petits tumeurs qui paraissent sur la surface du corps"*. Em francês, todos os pequenos tumores superficiais eram antigamente chamados de *"tubercules"*; a palavra só se restringiu ao que denominamos tuberculose após a descoberta do bacilo do tubérculo, feita por Koch.

3. Conforme citado no *Oxford English Dictionary*, que apresenta como um antigo emprego figurado de *"canker"*: "esse cancro extremamente pestilento e infeccioso: o ócio" — T. Palfreyman, 1564. E de *"cancer"* (que substituiu *"canker"* por volta de 1700): "A preguiça é um Câncer que consome o Tempo que a Princesa deveria cultivar para Coisas sublimes" — Edmund Ken, 1711.

4. Quase um século depois, em sua edição póstuma do *Diário* de Katherine Mansfield, John Middleton Murry usa expressões semelhantes para descrever Mansfield nos seus últimos dias de vida. "Nunca vi, e jamais verei, uma pessoa tão linda como estava nesse dia; era como se a requintada perfeição, que ela sempre teve, houvesse tomado posse dela completamente. Para usar suas próprias palavras, o último grão do 'sedimento', os últimos 'traços da degradação terrena' haviam partido para sempre. Mas ela perdera a vida para salvá-la."

5. Os irmãos Goncourt, em seu romance *Madame Gervaisais* (1869), chamaram a tuberculose de "essa doença das partes elevadas e nobres do ser humano", em contraste com "as enfermidades dos órgãos rudes e vis do corpo, que estorvam e aviltam a mente do paciente". No conto "Tristão", da fase inicial de Thomas Mann, a jovem esposa tem tuberculose na traqueia: "[...] a traqueia, e não os pulmões, graças a Deus! Mas a questão é que, caso fossem os pulmões, a nova paciente poderia ter um aspecto mais puro e etéreo, mais distante das preocupações deste mundo, do que tinha agora, pálida e abatida, recostada em

sua casta cadeira de braços esmaltada de branco, ao lado do marido robusto, enquanto ouvia a conversa".

6. Como no segundo ato, cena 2, da peça *The Man of the Mode* (1676), de Sir George Etherege: "Quando o amor se torna doentio, o melhor que podemos fazer é lhe dar uma morte violenta; não consigo suportar a tortura de uma paixão que se arrasta e consome".

7. O trecho prossegue: "[...] porque o desejo cresce durante a doença, porque a culpa pelo simbólico, e sempre repetido, desperdício do sêmen no escarro cresce continuamente [...] porque o Isso permite que a enfermidade pulmonar confira beleza aos olhos e à face, a sedução envenena!".

8. Goldsmith, que era médico formado e exerceu a medicina por um tempo, tinha outros clichês sobre a tuberculose. Em seu ensaio "Sobre educação" (1759), escreveu que uma dieta ligeiramente salgada, açucarada e temperada "corrige quaisquer hábitos tuberculosos, não raro encontrados entre filhos de pais urbanos". A tuberculose é vista como um hábito, uma disposição (quando não uma afetação), uma fraqueza de um organismo que deve ser revigorado e à qual pessoas da cidade estão predispostas.

9. "Por uma ironia curiosa", escreveu Stevenson, "os lugares aonde somos enviados quando a saúde nos abandona são muitas vezes especialmente belos [...] e atrevo-me a dizer que o doente não fica muito inconsolável quando recebe a sentença de banimento, e tende a encarar sua saúde combalida como um acidente não de todo infeliz." Porém, a experiência de tal banimento compulsório, como Stevenson passou a defini-lo, foi bem menos agradável. O tuberculoso não pode desfrutar sua sorte: "o mundo, para ele, perdeu o encanto".

Katherine Mansfield escreveu: "Pareço passar metade da vida chegando a hotéis estranhos [...] A porta estranha se fecha diante da pessoa estranha e então eu deslizo para baixo dos lençóis. À espera de que as sombras saiam dos cantos e teçam sua teia lenta, lenta, sobre o Mais Feio Papel de Parede do Mundo [...] O homem no quarto vizinho tem a mesma enfermidade que eu. Quando acordo, à noite, ouço-o se revirando. E em seguida ele tosse. Após um silêncio, eu tusso. E ele tosse de novo. Isso se prolonga por um largo tempo. Até eu sentir que somos como dois galos que cantam um para o outro em falsas alvoradas. Em fazendas ocultas e distantes".

10. Kafka, depois que sua tuberculose foi diagnosticada em setembro de 1917, escreveu em seu diário: "a infecção em seus pulmões é só um símbolo", o símbolo de uma "ferida [emocional] cuja inflamação se chama F[elice]". Para Max Brod, ele escreveu que "a doença está falando para mim porque eu pedi a ela que o fizesse"; e para Felice: "Em segredo, não acredito que esta doença seja tuberculose, pelo menos não essencialmente tuberculose, mas antes um sinal da minha falência generalizada".

11. Mansfield, escreveu John Middleton Murry, "se convencera de que sua saúde física dependia da sua condição espiritual. Daí em diante, sua mente preocupou-se em descobrir um modo de 'curar sua alma'; e no fim resolveu,

para minha tristeza, abandonar o tratamento e viver como se a sua grave doença física fosse algo passageiro e até, na medida em que o conseguia, como se ela fosse inexistente".

12. Um estudo da dra. Caroline Bedell Thomas, da Faculdade de Medicina da Universidade John Hopkins, foi sintetizado desta forma em uma recente reportagem de jornal ("Sua personalidade pode matar você?"): "Em resumo, as vítimas do câncer são pessoas sem ânimo, raramente sujeitas a arroubos de emoção. Têm, em relação aos pais, sentimentos de isolamento que remontam à infância". Os doutores Claus e Marjorie Bahnson, do Instituto Psiquiátrico da Pensilvânia Oriental, "mapearam um padrão de personalidade marcado por negação da hostilidade, depressão e memória de perda emocional na infância" e "por dificuldade para manter relacionamentos íntimos". O dr. O. Carl Simonton, radiologista de Forth Worth, Texas, que trata seus pacientes com radiação e com psicoterapia, define a personalidade do paciente de câncer como alguém com "grande tendência para a autopiedade e com uma capacidade marcadamente deteriorada para criar e manter relacionamentos significativos". Lawrence LeShan, psicólogo e psicoterapeuta de Nova York, autor de *Brigando pela vida: aspectos emocionais do câncer* [*You Can Fight for Your Live*: *Emotional Factors in the Causation of Cancer* (1977)], argumenta que "existe um tipo geral de personalidade na maioria dos pacientes de câncer" e uma visão de mundo que os pacientes de câncer compartilham, a qual "antecede o desenvolvimento do câncer". Ele divide "o padrão emocional básico do paciente de câncer" em três partes: "uma infância ou adolescência marcada por sentimentos de isolamento", a perda do "relacionamento significativo" encontrado na idade adulta e uma subsequente "convicção de que a vida não tem mais esperança". "O paciente de câncer", escreve LeShan, "quase sempre despreza a si mesmo, suas capacidades e possibilidades." Os pacientes de câncer são "vazios de sentimentos e desprovidos de eu".

13. "Sempre muitos problemas e muito trabalho" é uma anotação que aparece em muitos dos breves relatos clínicos de *Clinical Notes On Cancer* (1883), de Herbert Snow. Ele era médico no Hospital de Câncer de Londres e a maioria de seus pacientes era pobre. Uma observação típica: "Entre 140 casos de câncer no seio, 103 têm registro de um distúrbio mental prévio, muito trabalho ou outro fator debilitante. Entre 187 casos de câncer no útero, 91 mostram um histórico semelhante". Médicos cujos pacientes levavam uma vida mais confortável faziam observações de outra ordem. G. von Schmitt, o médico que tratou de Alexandre Dumas quando este teve câncer, publicou em 1871 um livro sobre o câncer no qual apontou "o estudo ou o trabalho de pesquisa profundo e sedentário, a agitação febril e angustiosa da vida pública, as inquietações da ambição, os frequentes paroxismos da ira, o desgosto violento" como "as causas principais" da doença. Citado em "Emotions as a cause of cancer: 18th and 19th Century Contributions", de Samuel J. Kowal. M.D., *Review of Psychoanalisys*, 42, 3 (julho de 1955).

14. August Flint e William H. Welch, *The Principles and Practice of Medicine* (quinta edição, 1881), citado em *A peste branca* (1952), de René e Jean Dubos.

15. Uma formulação antiga desse ponto de vista, hoje um tanto na defensiva, está em *Erewhon* (1872), de Samuel Butler. A maneira de Butler sugerir que a criminalidade era uma doença, como a tuberculose, que era ou hereditária ou resultado de um ambiente insalubre, consistiu em apontar o absurdo de se condenar uma pessoa doente. Em Erewhon, aqueles que assassinavam ou roubavam eram tratados de forma compreensiva, como pessoas enfermas, ao passo que a tuberculose era punida como um crime.

16. Drogas do tipo da mostarda nitrogenada (denominadas agentes alcoilantes) — como a ciclofosfamida (citoxan) — constituíram a primeira geração de medicamentos contra o câncer. Seu emprego — na leucemia (caracterizada por uma produção excessiva de células brancas imaturas), e depois em outras formas de câncer — foi sugerido por uma experiência acidental de guerra química, no fim da Segunda Guerra Mundial, quando um navio americano carregado de gás de mostarda nitrogenada foi bombardeado no porto de Nápoles e muitos marinheiros morreram, mais devido a uma quantidade mortalmente baixa de células brancas e de plaquetas (ou seja, um envenenamento da medula) do que em razão de queimaduras ou de afogamento.

A quimioterapia e o potencial bélico parecem caminhar juntos, ainda que só na fantasia. O primeiro êxito moderno na quimioterapia foi contra a sífilis: em 1910, Paul Ehrlich introduziu um derivado do arsênico, a arsfenamina (salvarsan), que foi chamada de "bala mágica".

17. O sociólogo Herbert Gans chamou minha atenção para a importância da tuberculose e da suposta ou real ameaça da tuberculose nos movimentos em prol da eliminação dos cortiços e da construção de "moradias modernas" no fim do século XIX e no início do século XX, pois a impressão era de que as moradias dos cortiços "geravam" tuberculose. A passagem da tuberculose para o câncer na retórica do planejamento e da construção de moradias ocorreu na década de 1950. A favela é vista como um câncer que se espalha de forma insidiosa, e o emprego do termo "invasão" para descrever a mudança de pessoas pobres e que não são brancas para um bairro de classe média é uma metáfora emprestada do câncer e também da esfera militar: os dois discursos se sobrepõem.

18. Cf. Isaac Deutscher, *O profeta banido: Trótski, 1929-1940* (1963): "'Certas medidas', escreveu Trótski para [Philip] Rahv [em 21 de março de 1938], 'são necessárias na luta contra a teoria incorreta e outras, na luta contra uma epidemia de cólera. Stálin está muito mais próximo da cólera que de uma teoria falsa. A luta deve ser vigorosa, truculenta, inclemente. Um componente de "fanatismo" [...] é saudável'." E: "Trótski falava da 'sífilis do stalinismo' ou do 'câncer que precisa ser cauterizado do movimento operário com a ajuda de um ferro quente'[...]".

De forma notável, *O pavilhão dos cancerosos*, de Soljenítsin, não tem praticamente nenhum emprego do câncer como metáfora — para o stalinismo ou para qualquer outra coisa. Soljenítsin não estava deturpando seu romance quando, na esperança de vê-lo publicado na União Soviética, declarou aos examinadores da União de Escritores em 1967 que o título não era "um tipo de símbolo", como o acusavam, e que "o tema é, de forma específica e literal, o câncer".

19. "O poder [do judeu] é o poder do dinheiro que, em forma de juros, se multiplica de forma interminável e sem nenhum esforço em suas mãos e força as nações a esse jugo extremamente perigoso [...] Tudo o que leva os homens a empenhar-se por coisas mais elevadas, seja a religião, o socialismo ou a democracia, é para ele apenas um meio para alcançar um fim, satisfazer uma concupiscência de dinheiro e de dominação. Suas atividades produzem uma tuberculose racial entre as nações [...]." Um precursor da ideologia nazista do fim do século XIX, Julius Langbehn, classificava os judeus como "apenas uma cólera ou peste passageira". Mas na imagem de tuberculose de Hitler já existe algo facilmente transferível para o câncer: a ideia de que o poder dos judeus "se multiplica de forma interminável e sem nenhum esforço".

AIDS E SUAS METÁFORAS [pp. 77-151]

1. O papel de destaque atribuído aos macrófagos — o de "servir de reservatório para o vírus da AIDS, porque o vírus se multiplica neles mas não os mata, embora mate as células T-4" — seria o motivo pelo qual é muitas vezes difícil encontrar linfócitos T-4 infectados em pacientes que têm anticorpos do vírus e apresentam sintomas da AIDS. (Ainda se pressupõe que se formarão anticorpos quando o vírus atingir essas células, as quais constituem seu "alvo-chave".) Os dados referentes às populações de células atualmente infectadas são limitados ou desiguais, tanto quanto os dados referentes à infecção de populações humanas — e ambos os fatos são considerados desconcertantes, já que se pressupõe que a doença está em toda parte e necessariamente há de se espalhar ainda mais. "Os médicos calculam que apenas uma célula T-4 por milhão esteja infectada, o que leva alguns a levantar a questão: onde o vírus se esconde?" Outra especulação hiperbólica, extraída do mesmo artigo (*The New York Times*, 7/6/88): "Os macrófagos infectados podem transmitir o vírus para outras células, talvez pelo contato com elas".

2. A definição-padrão distingue as pessoas que manifestam a doença ou síndrome, "satisfazendo os critérios da definição de observação [*surveillance definition*] de AIDS", de um número maior de pessoas infectadas com o HIV e que apresentam sintomas, porém "não satisfazem os critérios empíricos da doença *full-blown*. Essa constelação de sinais e sintomas no contexto da infecção com o HIV é denominada complexo relacionado à AIDS (ARC)". Em seguida, como de praxe, vêm as estimativas percentuais: "Calcula-se que aproximadamente 25% dos pacientes com ARC apresentarão os sintomas da doença *full-blown* dentro de três anos". Harrison, *Principles of Internal Medicine*, 11. ed. (1987), p. 1394.

A AIDS — a primeira doença importante a receber uma sigla como nome — não tem, por assim dizer, fronteiras naturais. Trata-se de uma doença cuja identidade foi construída para fins de investigação, tendo em mente as atividades de tabulação e observação das autoridades sanitárias e outras. Assim, o manual de medicina, sem maiores escrúpulos, equipara o empírico e a definição de observação, dois conceitos oriundos de modelos de conhecimento bem diferentes. (A AIDS é aquilo que satisfaz ou os "critérios da definição de observação" ou os "critérios empíricos": a infecção com o HIV acompanhada de uma ou mais doenças incluídas na lista elaborada pelo principal administrador da definição da AIDS nos Estados Unidos, o Centro de Controle de Doenças, em Atlanta.) Essa definição, completamente arbitrária, e envolvendo uma metáfora de maturação, exerce influência decisiva sobre a maneira como a doença é compreendida.

3. Em 1988, uma comissão presidencial recomendou que se utilizasse menos o termo ARC, porque ele "tende a obscurecer o aspecto letal dessa fase da doença". Está havendo pressões no sentido de se abolir, também, o próprio termo AIDS. O relatório da comissão presidencial fez questão de usar a sigla HIV para se referir à epidemia, pois aconselha que se passe a "acompanhar a infecção" em vez de "acompanhar a doença". Uma das razões para essa mudança é, mais uma vez, a ideia de que a atual terminologia obscurece a verdadeira gravidade do problema. ("A ênfase que desde o início vem sendo dada às manifestações clínicas da AIDS, em detrimento de todas as fases da infecção com o HIV [isto é, da infecção inicial para a soroconversão, para a fase assintomática com presença de anticorpos e para a AIDS *full-blown*], tem o efeito de dar ao público uma ideia falsa quanto às verdadeiras proporções da disseminação da infecção na população [...]") É de fato provável que a doença termine recebendo outro nome. Essa mudança de nomenclatura daria justificativa oficial à política de considerar doentes aqueles que são portadores do vírus mas não apresentam nenhum sintoma.

4. Não há como argumentar contra a aristocracia do rosto; pode-se no máximo ridicularizá-la. A obsessão com o que há de pretensioso na separação entre rosto e corpo tem importância central no *Ferdydurke* de Gombrowicz, obra em que se propõe repetidamente que o corpo é um aglomerado de partes, cada uma com sua vida independente, sendo o rosto apenas uma dessas partes. O ponto de partida dessa sátira pós-rabelaisiana ao erotismo e à ideia de classe social é uma humilhante volta à infância, imposta à força — e não a condição humilhante, igualmente imposta à força, do doente. Ou seja, o romance de Gombrowicz é uma comédia, não uma tragédia.

5. Conforme notaram os primeiros observadores da doença: "Esse mal recebeu dos diferentes povos por ele afetados nomes diferentes", escreve Giovanni di Vigo em 1514. Como os tratados sobre a sífilis escritos anteriormente em latim — o de Nicolo Leoniceno (1497) e o de Juan Almenar (1502) —, o texto de Vigo dá à doença o nome de *morbus gallicus*, "mal-gálico". (Trechos desse tratado e de outros da mesma época, inclusive *Sífilis; ou, um relato poético do mal gálico* [1530], de Girolamo Fracastoro, que deu à doença o nome que veio a prevalecer, encon-

tram-se em *Classic Descriptions of Disease*, organizado por Ralph H. Major [1932].)
Desde o início, houve uma profusão de explicações moralistas. Em 1495, um ano
após a epidemia ter início, o imperador Maximiliano declarou num edito que a
sífilis era um mal enviado por Deus para castigar os pecados dos homens.

No século XVI, a explicação mais aceita da origem da sífilis dizia que a doença
não vinha de nenhum país vizinho, e sim do Novo Mundo, tendo sido introduzida na Europa pelos marinheiros de Colombo, que a teriam contraído na
América. Essa ideia é muito difundida até hoje. É interessante observar que os
primeiros médicos a escrever sobre a sífilis não aceitavam essa hipótese suspeita.
Leoniceno inicia sua obra *Libellus de Epidemia, quam vulgo morbum Gallicum vocant*
perguntando se "o mal gálico já era comum entre os antigos, com outro nome";
responde estar firmemente convicto de que a resposta é afirmativa.

6. O boato pode não ter sido criado como uma campanha de "desinformação" da KGB, mas os especialistas em propaganda soviéticos muito fizeram no
sentido de dar-lhe credibilidade. Em outubro de 1985, o semanário soviético
Literaturnaya Gazeta publicou um artigo segundo o qual o vírus da AIDS fora
elaborado pelo governo americano numa pesquisa de técnicas de guerra bacteriológica realizada em Fort Detrick, Maryland, e estava sendo propagado no
estrangeiro por soldados americanos usados como cobaias. A fonte citada era um
artigo publicado no jornal indiano *Patriot*. Divulgada em língua inglesa na Rádio
Paz e Progresso de Moscou, a reportagem foi difundida por jornais e revistas em
todo o mundo. Um ano depois, saiu na primeira página do *Sunday Express*, publicação inglesa conservadora e de grande circulação. ("O vírus assassino da AIDS
foi criado artificialmente por cientistas americanos numa experiência de laboratório desastrosa — e uma grande operação de encobertamento manteve o fato
em segredo em todo o mundo até hoje.") Embora ignorada pela maioria dos
jornais americanos, a matéria do *Sunday Express* foi reciclada em praticamente
todos os outros países do mundo. No verão de 1987, a notícia ainda estava sendo
repetida por jornais no Quênia, Peru, Sudão, Nigéria, Senegal e México. Dentro
da nova linha política de Gorbachev, dois membros eminentes da Academia
Soviética de Ciências negaram oficialmente a veracidade dessas acusações, através do jornal *Izvestia*, no final de outubro de 1987. No entanto, a história continua a circular — do México ao Zaire, da Austrália à Grécia.

7. Segundo o diagnóstico mais abrangente proposto por reformadores seculares, a cólera era consequência de uma dieta inapropriada e "hábitos irregulares". Os membros do Conselho de Saúde, em Londres, advertiam não haver
um tratamento específico para a doença, aconselhando que se desse atenção ao
ar fresco e à higiene, mas afirmavam que "as melhores medidas preventivas
consistem em manter o corpo são e a mente alegre e serena". Citado em R. J.
Morris, *Cholera 1832* (1976).

8. Citado em Charles E. Rosenberg, *The Cholera Years: The United States in
1832, 1849, and 1866* (1962).

9. Em 1983, um historiador como William H. McNeill, autor de *Plagues*

and Peoples, ainda era capaz de escrever, no início de uma crítica a uma nova história da Peste Negra: "Uma das coisas que nos distinguem de nossos ancestrais e fazem com que a experiência contemporânea seja profundamente diferente das de outras épocas é o desaparecimento das doenças epidêmicas como fator importante na vida humana" (*The New York Review of Books*, 21/7/83). Chega a ser desnecessário ressaltar o pressuposto eurocêntrico dessa e de muitas outras afirmativas semelhantes.

10. É interessante contrastar o modo como Reagan vê através de clichês a realidade terrível das doenças dos outros com a maneira mais original como ele nega a realidade de sua própria doença. Quando lhe perguntaram como ele se sentia após uma operação para extrair um câncer, ele afirmou: "Eu não estava com câncer. Havia uma coisa dentro de mim que estava com câncer, e ela foi extirpada".

11. O motivo pelo qual a vacina é tida como a melhor maneira de combater os vírus está relacionado com o fato que os faz ser considerados "primitivos". Existem muitas diferenças entre o metabolismo das bactérias e o das células dos mamíferos, as bactérias sendo capazes de reproduzirem-se fora das células do organismo hospedeiro; desse modo, torna-se possível encontrar substâncias que as ataquem sem atacar as células do hospedeiro. No caso do vírus, que se funde com a célula do hospedeiro, torna-se muito mais difícil distinguir as funções do vírus das funções normais da célula. A principal estratégia para se controlar infecções viróticas é elaborar uma vacina que não "ataque" o vírus diretamente (ao contrário da penicilina, que ataca as bactérias que produzem uma infecção), mas "previna" a infecção, estimulando de antemão o sistema imunológico.

12. Se, por um lado, as autoridades se recusavam a dar instruções a respeito de práticas menos arriscadas, por outro lado os homens achavam que seria uma atitude pouco viril submeter sua vida sexual a precauções ditadas pela prudência. Segundo a fantasia de Hemingway, em *Death in the Afternoon* (1932), "a sífilis era a doença dos cruzados medievais. Julgava-se que eles a tivessem trazido para a Europa, mas trata-se de uma doença de todos os povos que levam vidas em que predomina o desprezo pelas consequências dos atos. É um acidente industrial, a que se expõe todo aquele que leva uma vida sexual desregrada e que, por uma questão de hábito mental, prefere arriscar a vida a usar preservativos; e é um fim, ou melhor, uma fase, que ocorre mais cedo ou mais tarde na trajetória de vida de todo fornicador".

13. "A AIDS não poderá ser contida em nenhum país a menos que seja contida em todos", afirmou o ex-presidente da Organização Mundial de Saúde em Genebra, o dr. Halfdan Mahler, na IV Conferência Internacional sobre AIDS (Estocolmo, junho de 1988), na qual um dos temas principais foi o caráter global da crise da AIDS. "Esta epidemia é um fenômeno mundial, e nenhum continente está sendo poupado", disse o dr. Willy Rozenbaum, eminente especialista francês em AIDS. "Só poderá ser dominada no Ocidente se for erradicada em todo o mundo." Em contraste com a retórica da responsabilidade global, característica das conferências internacionais, há outra posição, cada vez mais difundida, que

encara a AIDS como uma espécie de teste darwiniano para a capacidade de sobrevivência da sociedade, de modo que talvez seja inútil tentar salvar alguns países incapazes de se defender. Uma autoridade médica alemã, Eike Brigitte Helm, afirma que "já se pode prever que em algumas regiões do mundo a AIDS provocará uma alteração drástica na estrutura da população. Particularmente na África e na América Latina. Uma sociedade que se revela incapaz de impedir de algum modo a propagação da AIDS tem péssimas perspectivas para o futuro".

SUSAN SONTAG nasceu em Nova York em 1933 e morreu em 2004. Cursou filosofia na Universidade de Chicago e pós-graduou-se em Harvard. Seus livros foram traduzidos para mais de trinta línguas. Além de ensaios, escreveu também romances e dirigiu cinema e teatro. Pela Companhia das Letras, publicou *O amante do vulcão*, *Assim vivemos agora*, *Diante da dor dos outros*, *Na América*, *Questão de ênfase*, *Sobre fotografia* e *A vontade radical*.

AIDS e suas metáforas
1ª edição Companhia das Letras [1989]

Doença como metáfora / AIDS e suas metáforas
1ª edição Companhia de Bolso [2007] 2 reimpressões

Esta obra foi composta pela Verba Editorial em Janson Text e impressa em ofsete pela Gráfica Bartira sobre papel Pólen da Suzano S.A. para a Editora Schwarcz em abril de 2025

A marca FSC® é a garantia de que a madeira utilizada na fabricação do papel deste livro provém de florestas que foram gerenciadas de maneira ambientalmente correta, socialmente justa e economicamente viável, além de outras fontes de origem controlada.